促进小学生数学思维发展的有效教学策略

王丹◎主编

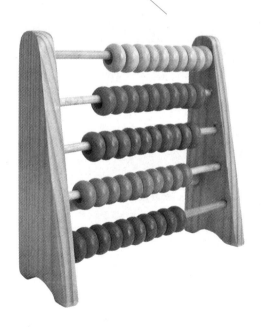

西南师范大学出版社
国家一级出版社 全国百佳图书出版单位

图书在版编目(CIP)数据

促进小学生数学思维发展的有效教学策略 / 王丹主编. —重庆：西南师范大学出版社，2016.12
ISBN 978-7-5621-7908-5

Ⅰ.①促… Ⅱ.①王… Ⅲ.①小学数学课－教学参考资料 Ⅳ.①G624.503

中国版本图书馆 CIP 数据核字(2016)第 321289 号

促进小学生数学思维发展的有效教学策略

主　　编:王　丹
副 主 编:胡文谦　周　丽　陈　果

责任编辑:高　勇　王玉竹
封面设计:畅想设计
排　　版:重庆大雅数码印刷有限公司·瞿勤
出版发行:西南师范大学出版社
　　　　地址:重庆市北碚区天生路 2 号
　　　　邮编:400715
印　　刷:重庆市国丰印务有限责任公司
开　　本:720 mm×1030 mm　1/16
印　　张:13
字　　数:242 千字
版　　次:2017 年 4 月　第 1 版
印　　次:2017 年 4 月　第 1 次印刷
书　　号:ISBN 978-7-5621-7908-5
定　　价:46.00 元

编写委员会

主　　编: 王　丹

副 主 编: 胡文谦　周　丽　陈果

编写人员:（按姓氏笔画为序）

于　鹭　王雨航　王晓琰　文志敏　申　虹

向维维　刘刚伟　刘　斌　李安学　张　玥

吴　茜　陈　灯　杨　露　周　巧　钟吉红

袁　丽　郭晓霞　景　佳　曾品志　廖　红

熊　茵

序

　　思维是人脑对客观事物本质的属性和内在联系间接的、概括的反映,人的思维活动是在社会实践活动中以感性认识为基础,借助语言,以知识经验为中介而实现的。数学思维作为人类思维中重要的一种,是人在认识世界和改造世界的活动中对客观世界数量关系和空间形式本质属性和内在规律的反映,它一方面具有人类思维所具有的间接性、概括性、目的性、问题性等特性,另一方面又有其自身的特点,其个性化特点主要是由认识的对象和认识的方法决定的。首先,数学在其研究对象上已经舍弃了客观事物的其他属性,纯粹从量和形的角度去研究其本质属性和内在联系。很明显,数学思维的思维材料是现实世界中反映客观事物量与形的数量关系和空间形式,其材料从内容上决定了数学思维的特殊性。其次,数学学习的过程和方法从认知方式与心理机制方面决定了数学思维的特殊性,数学高度的抽象性、严密的逻辑性以及应用的广泛性等特点在客观上决定了数学思维是一种比其他思维更具有抽象性、概括性、逻辑性和简约性的思维。从数学思维的特性我们可以得出两个结论:一是促进学生思维发展是数学学科本身所具有的育人功能和教育价值,培养学生的思维能力虽然不只是数学学科的任务,但它确实担负着比其他学科更多更重的责任,因此数学教学必须高度重视并切实落实学生思维能力培养的任务,促进学生形象思维、逻辑思维、直觉思维的全面发展;二是数学高度的抽象性和严密的逻辑性决定了数学思维过程的复杂性和培养学生数学思维能力任务的艰巨性,它要求学生和教师付出更多的努力,采用更好的策略和措施,才能达到良好的效果。那么在小学数学教学中,应采取哪些有效途径发展学生的数学思维?怎样根据数学学科特点和儿童的年龄特征促进学生思维的最佳发展?这是广大小学数学教学研究人员和一线教师一直在努力探索的问题,大家的努力已经取得了一定的效果。但遗憾的是,至今尚未形成根植于教学实践,既有充分的科学性又有切实操作性的小学数学思维训练的系统方法,我们所见到的大都是一些零散的甚至难以自圆其说的具体方法或措施,这不能不说是小学数学教学研究的一个遗憾。

　　为了改变这种状况,让小学数学教学更好地发展学生的思维能力,重庆

I

市渝中区中华路小学校长王丹女士和她的团队申报了"促进小学生数学思维发展的有效教学策略研究"的课题，并被重庆市教育科学规划办公室批准为 2010 年规划课题。随后，王丹校长带领她的研究团队展开了深入的研究，定期召开研讨会，攻克课题研究中一个又一个的难点。研究期间，他们采取"走出去、请进来"等方式广泛学习、借鉴有关数学思维训练的研究成果和经验，开展了多方面的交流。首先，学校多次邀请德国奥斯纳布吕克大学数学信息学院数学认知研究所所长施迈克教授到学校介绍德国中小学生数学思维训练经验，并指导课题研究；其次，学校还先后派出十多位数学教师赴德国实地考察，学习德国小学生数学思维培养的先进经验；另外，还多次邀请国内知名数学教育专家和小学数学教学名师到学校培训和交流。这些活动极大地开阔了课题组成员的视野，有力地推动了课题研究。本课题研究从一开始就有明确的目标定位，那就是不去过多地纠缠数学思维训练的理论问题，而是从教学实践层面集中研究促进小学生数学思维发展的教学策略，切实促进小学生的数学思维能力发展。课题组经过五年的艰苦努力，终于完成了各项研究任务，并形成了学术著作《促进小学生数学思维发展的有效教学策略》，该书即将由西南师范大学出版社正式出版，这是小学数学教学研究领域的又一新成果，可喜可贺！

这是一部基于课题研究并根植于教学实践的学术著作，突出地反映出以下特点。

首先，该书作为课题研究成果，其内容都紧紧围绕着课题研究的内容和任务而展开。全书共八章，除第一章简单讨论了数学思维的概念、当前小学数学教学以及小学生数学思维发展的现状外，其余七章都在总结数学教学发展小学生数学思维的策略。这些策略是课题组认真研究总结并经过多次实验的有效策略，凝聚了课题组成员的心血，反映了课题研究的成就。

其次，该书的作者都是来自教学一线的小学数学教师。主编王丹校长长期从事小学数学教学工作，具有丰富的小学数学课堂教学经验和很强的教学研究能力，不满三十岁就被评为中学高级教师，现为重庆市特级教师；副主编和编写者更是天天站在讲台上的小学数学教师（难能可贵的是学校全体数学教师都参与了课题研究，都是该书的作者）。这样的作者队伍从根本上保证了著作的实践性和适用性，书中少有空洞的理论说教和抽象的思辨论述，更多的是一些实实在在的促进小学生数学思维发展的教学策略和方法，这充分彰显了该著作的实践基础。

最后，该书十分重视案例的采用，在每一个策略后面都附上了教学案例,尽可能地用案例说明问题,这些案例都是作者亲手设计的,而且都经过了他们自己教学实践的检验。案例一方面反映了研究中所总结的教学策略的有效性,表明这些策略都可以具体应用到小学数学课堂教学中;另一方面又进一步彰显了策略的可操作性,表明老师们总结的策略都可以用具体的教学行为程序表达出来。这种操作性有助于课题研究成果的推广,它可以让更多的教师在小学数学教学中更好地发展学生的数学思维。

编著数学思维训练的学术著作是一项十分艰辛的工作,王丹校长及其研究团队为此付出了极大的努力,并取得了良好的效果,在此表示祝贺和敬意,衷心希望今后有更多的教师参与促进小学生数学思维发展的研究,并期待着更多的研究成果出现。

李光树

重庆市教育科学研究院

本序作者:李光树,重庆市教育科学研究院初等教育研究所原所长,研究员,特级教师。 教育部基础教育课程教材专家工作委员会委员,中国教育学会小学数学专业委员会副理事长,重庆市教育学会小学数学教学专业委员会理事长,"重庆市小学数学李光树名师工作室"主持人。

前　言

当前,不少数学教师的课堂教学存在诸多问题,如教学效率不高,学生的学习效果不好,思维发展不理想等。教师也普遍不太满意自己的教学状态,常抱怨现在的教材太难,现在的学生不如以前的学生,考试成绩也下滑严重。针对这种现象,我们认为不能再只是头痛医头、脚痛医脚了,要想提高数学课堂整体的教学质量,必须对数学课堂教学进行深入思考。

从数学学科本身的特点来看,数学学科的逻辑性、抽象性和广泛应用性决定了思维正是数学学科的本质所在,数学能力的核心也在于数学思维能力,离开了思维发展,数学教学就失去了本质意义。因此,研究数学思维及其规律,成为数学教学研究的核心任务。我们希望通过在实践中寻找到相关的有效教学策略来促进小学生数学思维的发展。

从儿童心理发展规律来看,小学阶段正是从具体形象向逻辑思维发展的阶段,也是培养学生数学思维最有利的一个时期。因此,培养学生的数学思维能力,既是儿童本身的需要,又是他们学习抽象数学知识的需要。虽然我们研究的着眼点在教师如何有效地"教",但是有效地"教"最终还是为了学生有效地"学"。

通过对相关心理学知识的学习和对课堂教学的研究,我们发现有效教学与学生数学思维发展的关系是辩证的,两者相互制约、相互促进。一方面,有效教学决定学生数学思维发展的水平和质量,不断向学生提出新的发展要求;另一方面,有效教学又必须以学生现有数学思维发展水平为依据。因此,学生的数学思维如何发展、向哪里发展,主要是由适合他们的思维发展水平的有效教学活动所决定的。

我们认为,学生的数学思维的发展水平及数学学习动机是有效教学的出发点。因此,在数学教学中,无论是教学目标的确定、教学内容的选择、教学活动的组织,还是学习结果的检查,我们都需要充分考虑学生数学思维的发展水平。不仅如此,一定的数学思维发展状态既为有效教学提供了基础,也为数学思维创造了新的发展可能。这样,有效教学不是消极地适应数学思维已有的发展水平,而是要积极地促进数学思维的发展,将发展的可能转变为发展的现实。因此,在数学教学中,有效教学策略的探索就显得尤为重要,我们应当同时考虑学生数学思维的现实发展和可能发展,以现实发展为出发点,以可能发展为导向,使学生通过学习把新的数学知识内化为自己的经验,从而实现对数学思维发展的促进作用。

I

　　本书总结提炼出的有效教学策略，都是一线老师在近年的实践和研究中积累的宝贵经验。我们现梳理成册，旨在改变数学教师的观念及一些师生交往行为，更好地为学生营造良好的学习环境，进而为突破学生潜在的思维障碍、发展学生数学思维能力铺平道路。

编者

目　录

第一章　小学生数学思维及其发展的基本概念

第一节　思维的概念及特征

一、思维

思维是人类特有的认识活动,是在具体的社会实践中人类主体、客观事物和语言综合互动的结果。

从心理学的角度讲,思维是指人脑通过语言对客观事物的本质及其规律做出的间接与概括的反映,体现了人对事物的理性认识。具体而言,当客观事物作用于人脑时,人的大脑会对其进行一系列的分析、综合、比较、抽象和概括,从而做出相应的判断和决定。这充分说明了思维的系统性、复杂性和具体性。

思维科学研究表明,思维通常可以分为形象思维、抽象思维和特异思维。其中,形象思维也被称作直感思维,其特点为具体形象性,通常借助直观形象和具体表象来思考并解决问题;抽象思维,与形象思维相对应,又称逻辑思维,属于理性认识阶段,主要涉及概念、理论、判断、推理等高级思维形式;特异思维则一般包括灵感思维、特异感知思维等思维形态。

上述三种思维方式既各有特征,又彼此关联,体现在不同的认知场景和认知的不同阶段,共同为人更好地认识世界和改造世界服务。

二、思维的特征

作为人脑的认识活动,思维具有方向性、概括性和间接性等特征。

（一）思维的方向性

思维的方向性特征体现为思维的目的性、探索性(或问题性)。所谓思维的方向性,是指人在认识世界、发现事物的本质和规律的过程中,往往是以发现问题、理解问题和解决问题作为方向的。在此过程中,人必须围绕问题的解决来确立自己思维的目的,而后展开有效的探索活动。问题在人的思维过程中发挥着极其重要的作用,它总是能够激励人不断地思考下去,不断地深入现实做出有效的探索,可以说,问题是人类有意识的思维活动的路标和灯塔。

然而,心理学研究发现,并不是所有的思维都是有目的的,相反,人的头脑有着大量的无意识的思维活动。这种无意识的思维活动往往是人对环境刺激的无意识应答或者潜意识的驱使所致,往往短促而无效,对于改变人自身的生产和生活往往没有多少正向影响。鉴于本书所研究的思维属于理性思维,所以对这种没有方向的思维形态不过多讨论。

（二）思维的概括性

思维的概括性特征是指思维的产生虽然在大多数情况下会依赖当前的刺激和直接的感知,但它往往会舍弃某些事物的表象,对所感知到的东西进行抽象概括,从而形成整体的、结构化的理解,即把同一类事物的共同的、本质的特征或事物间的规律性的联系,从具体的现象中抽象出来加以概括。例如,人们通过对大小不同的圆的圆周与其半径的推算,最终忽略掉了圆的大小及半径长短之间的差异,并从所有这些不同大小的圆中抽象概括出一切圆的周长与半径之比都是一个常数。

思维概括性的价值,一方面使我们对世界的认识更加简洁,同时有助于我们把握世界的规律,因为唯有简洁的、结构化的世界才是容易把握的世界;另一方面,也使我们能够在这个世界中更好地达到自己的目的,因为抽象出来的规律性的联系和有关模型使我们能够确定如何应对陌生的世界,也能够帮助我们推测未来将发生些什么。

（三）思维的间接性

思维的间接性是指人们在进行思考时,可以根据已有的知识经验或者以其他事物为媒介,间接地推知事物过去所发生的变化,并可以通过认识事物的本质,预见其在未来会有什么样的发展和变化。在数学研究中,思维的间接性更加明显,数学就其本质来说,并不是通过现实的直接思考来把握世界的、处理问题的,而是通过一种非现实存在的理性来理解和把握世界的。人们就是运用了间接性的思维特征,才能够从已有的数学成果中获得新的理论,或者通过数理的运算来推知世界的真相。

三、思维的分类

分类是我们把握世界的主要方式之一,通过分类我们可以更加有条理地思考世界,并对世界做出说明。任何分类都有自己的标准,因此我们根据不同的标准对思维进行分类,并讨论其不同的表现形态。

（一）直观动作思维、具体形象思维和抽象逻辑思维

根据思维的凭借物和解决问题的方式,可以把思维分为直观动作思维、具体形象思维和抽象逻辑思维。

1.直观动作思维。

直观动作思维又称"实践思维",是思考者通过直接感知,伴随实际动作进行的思维活动。在这种思维方式中,实际动作具有非常强的思维暗示性。幼儿的思维活动往往是在实际操作中,借助触摸、摆弄物体等动作而产生和进行的。例如,幼儿在学习简单计数和加减法时,常常借助数手指或者计数棒,实际活动一停止,他们的思维便立即停下来。成人有些时候也有动作思维,如技术工人在对一台机器进行维修时,一边检查一边思考故障的原因,直至发现问题排除故障为止,有些时候离开具体的机器和检修动作,甚至不能思考故障所在。不过,成人的动作思维是在经验的基础上,并在第二信号系统,比如文字、形象等的调节下实现的,而儿童之所以运用直观动作思维,很大程度上是因为他们尚未完全掌握语言或者未形成抽象的思维方式,这与成人相比有着本质的区别。

2.具体形象思维。

具体形象思维是运用具体的现实存在的或者想象出来的表象所进行的思维活动,表象可以说是这类思维的支柱。所谓表象,就是当事物不在眼前时,在个体头脑中所出现的关于该事物的形象,比如,郑燮说画家所画的,往往不是眼前之竹,而是胸中之竹,其实运用的就是表象。人们可以运用头脑中的这种形象来进行思维活动,在幼儿和小学低年级儿童身上表现得非常突出。如儿童计算 $3+4=7$,不是对抽象数字的分析、综合,而是在头脑中用三根手指加上四根手指,或三个苹果加上四个苹果等实物表象相加而计算出来的。形象思维在青少年和成人中,仍是一种主要的思维类型。例如,要考虑走哪条路能更快到达目的地,便须在头脑中出现若干条通往目的地的路的具体形象,并运用这些形象进行分析、比较来做出选择。在解决复杂问题时,鲜明生动的形象有助于思维的顺利进行。

具体形象思维对于人类的发展十分重要,因为它可以使人类脱离现实的场景来进行思考。此外,艺术家、作家、导演、工程师和设计师等都离不开高水平的形象思维,是形象思维引导他们进行从无到有的设计和创造。学生的形象思维能力往往比成人更强,同时他们更需要形象思维来理解知识,使之成为他们发展抽象思维的基础。

形象思维具有三种水平:第一种水平的形象思维只能反映同类事物中的一些直观的、非本质的特征,幼儿往往就是运用这种思维方式,在他们眼里,3 颗糖就是 3 颗可以吃的糖,很难抽象出一个数字 3 来;第二种水平的形象思维是借助表象进行加工的思维方式,比如汽车修理工可以在不接触汽车的情况下根据头脑中的有关汽车的表象而推知哪里出了故障,一般成人的形象思维就处于这样一个水平;第三种水平的形象思维是艺术思维,这种思维往往借助已有的表象创造出富有意味的全新的形象,是一种高级的、复杂的思维形式。我们在日常教学中通常所说的形象思维是指第一种水平。

3.抽象逻辑思维。

抽象逻辑思维是以概念、判断和推理等为工具,对事物的本质特性和内在联系产生深刻认识的思维方式。概念是抽象逻辑思维的支柱。所谓概念,是人们对事物本质属性的一种精当概括,因此是所有抽象逻辑思维的起点,它使人类脱离具体事物进行推演成为可能,从而也使人类的思维进入一个全新的阶段。科学家研究、探索和发现客观规律,学生理解、论证科学的概念和原理以及日常生活中人们分析问题、解决问题等,都是抽象逻辑思维在发挥作用。在小学低段,学生以具体形象思维为主,小学高年级学生的抽象逻辑思维得到了迅速发展,初中生的抽象逻辑思维已开始占主导地位。初中一些学科中的公式、定理和法则的推导、证明与判断等,都需要抽象逻辑思维。

(二)聚合思维和发散思维

根据思维过程的指向不同,可以把思维分为聚合思维和发散思维。

1.聚合思维。

聚合思维(convergent thinking)是指从已有的、已知的信息当中,通过一定的逻辑归纳、演绎和推理等形式,从中筛选出一个最佳方案或得出一个正确的答案、结论。聚合思维通常也被称为集中思维、求同思维、辐合思维和收敛思维等,它与发散思维相对应,都属于创造性思维的一种。聚合思维在我们的生活中十分常见,例如,甲要从 A 城市到达 B 城市,可供选择的交通工具有很多种,如飞机、高铁、普通快车、长途汽车、小汽车等多种形式,那么甲就需要根据一定的判断标准,通过一定的筛选和比较之后,有目的地从中选择一个最适合的方式。

2.发散思维。

发散思维(divergent thinking)是指从某一确定的目标、一个特定的问题出发,依照一定的逻辑、规则或程序,沿着多种不同的轨迹和路径挖掘、寻找多种问题解决的方案和可能性,具有流畅性、变通性、独特性等显著特点。发散思维有时也被称之为求异思维、辐射思维和扩散思维等,它既是一种重要的创造性思维,同时也是判断创造力大小的一个主要标志。我们通常所说的"一题多解""从不同的角度看问题""尽可能多地说出一支粉笔的用途"等都属于发散性思维。

(三)再现思维和创造思维

根据思维的品质和创新成分的多少,可以分为再现思维和创造思维。

1.再现思维。

再现思维是一种较为常见的一般性思维,它是指个体运用已有的知识和经验,按既定的规则、方式或途径来思考问题、寻求答案,主要是对个体自我及他人以往的思维活动的一种再现。例如,当某一位学生需要解决某一个数学题的时候,他/她首先想到的是运用教师所教的方法来尝试,这时教师的解题方法、策略及活动得到了再现,相同的思维方式也得到了强化和重复。有研究指出,当前的学校教育中常见此思维类型。

2.创造性思维。

创造性思维是一种高阶的心智活动,是指能够以新颖、独特的方式进行思考、解决问题和产生创新性成果的一种思维形式。创造性思维贵在创新,它是一个由无到有、由旧到新的过程。最具代表性的当属托马斯·爱迪生的案例,他的一生当中有1000多种发明,这足以证明和体现其创造性思维的活跃。

第二节　数学思维的概念及特征

数学思维是人脑和数学对象(空间形式、数量关系、结构关系)间的交互作用,以及按照一般规律认识数学内容的内在的理性活动,其既有一般思维的共性,也有数学学科本身的特点。

一、数学思维

数学是一种抽象化的思维过程,是将具体的问题情境转化为数学符号及语言,通过概括、归纳、演绎和推理等方式对问题进行加工和思考,探寻问题解决的策略、方法和路径,以及揭示事物的本质,具有高度的抽象性和严密的逻辑性。数学思维可理解为人脑在认识、理解和发现数学对象过程中的一种高级认识活动,是数学对象及其本质在人脑中的一种客观反映。

苏联数学教育家奥加涅相从以下两个方面对数学思维进行了解释:首先,它是一种形式,主要是指对具体的数学科学的认识和理解,或者是将数学中的辩证思维运用到其他学科、问题和实践;其次,它是一种特性,这种特性并非是由思维的特点决定的,尽管它也受思维本身的影响,而是由数学学科的特质和以数学的方式探究事物、现象的本质的方法所决定的。

数学思维主要是在从事数学活动过程中所发展起来的,其中包括提出问题、分析问题、寻找问题解决的方法和途径、得出答案等诸多环节。一般而言,数学思维主要是一种严密的、抽象的逻辑思维,其抽象性主要是由数学的性质决定的,它离开了具体的物质运动形式,以数、形、概念等形式来反映事物的本质。

关于数学思维的分类,我们可以将其简单地分为具体实践问题的数学思维和具体数学问题的解题思维,前者是应用数学中数学家们运用的数学思维,其思维的复杂性相对较高;后者则是数学教育尤其是初等数学教育中常见的数学思维。

由于数学思维形式的差异,人们在解决具体的数学问题时所使用的方法也各有迥异,这也就意味着数学思维与数学问题的解决之间有着千丝万缕的内在联系。可以这样认为,数学问题对数学思维的启动、导向和展开都起着决定性的作用。

此外,有研究者就数学思维与数学问题解决之间的关系进行了研究探讨,并认为在数学问题解决中数学思维的表现形式、过程其实就是通过数学问题的解决形式。由此可见,数学问题的解决实际上就是数学思维的一种外在表征,数学思维总是通过数学问题解决这一过程不断得到训练和发展,从这一点上说,数学思维与数学问题的解决是一脉相承的。

数学与思维有着密切的关系,数学的学习既可以使思维得到有效的训练和拓展;反过来,思维的发展也利于学生对数学本质的把握。二者相辅相成,相互促进。

二、数学思维的形态

数学思维具有如下形态。

一是动作思维,其主要是在数学思维的初级阶段,即年龄相对较小或认知水平尚未充分发展的时期,主要特点是主要依靠具体动作或实践作为数学思维顺利开展的支撑。如处于低阶思维阶段的学生用手指或小木棒来学习简单的加减运算。

二是形象思维,就是借用直观表象来解决问题的思维方法,形象思维一般与直观的感受和体验紧密相关。如学生在理解长方形面积的算法时,常常需要借助长方形的图像作为辅助,通过图像的展示,学生能够更为直观地理解其原理成分。

三是抽象思维,抽象逻辑思维是心智活动的一种高级阶段,它是个体理性走向成熟的一个重要标志。在数学学习过程中,抽象逻辑思维跳出了依靠具体形象的阶段,迈向了依靠数字、符号、概念等进行思维活动的高级阶段,学习者依靠归纳、演绎、推理等方式就可以获得对事物的理解。随着学习对象越来越复杂,学生的认知愈加成熟,抽象逻辑思维在数学问题的解决过程中逐渐扮演主要的角色。

三、数学思维的特征

数学思维的特征主要体现在以下三个方面:一是高度抽象性,二是形式化的严谨性,三是表现方式的多样性。

数学思维的高度抽象性,意味着把数学问题数字化、符号化、概念化,通过一定的数量关系、几何关系或逻辑关系来表征事物,通过数学思维来寻求答案。此外,数学思维的抽象性还有程度高低深浅之分:有的属于低阶的抽象思维,通过一般化的推演便能够获得认知;有的需要经过反复的抽象和推演才能得到答案;有的数学问题本身就已经高度抽象化了,对思维构成了巨大的挑战,当前世界中存在着很多有趣的、高度抽象甚至暂时无法解决的难题。

数学思维形式化的严谨性,是指数学思维发生、发展和表述的过程,是一种形式化的严密过程。这个特征相对较好理解,通俗地讲,在任何数学问题的提出、解决及结果的呈现等过程中,凡是涉及的所有要素,无论是数字还是运算符号,都务必做到准确无误。古语中"差之毫厘,谬以千里"就不乏这层含义,这也是数学能够成为一门基础科学,成为人类所有科学形式的最终表达手段的内在根源。

数学思维表现方式的多样性,是指在数学思维过程中并不都是严格的逻辑演绎,并不都是三段式的形式,而是有多种表现形式。通常,这些抽象和严谨的形式除了严密的归纳、概括、演绎和推理之外,还有在数学思维中所呈现出来的直觉、猜测、试误、联想和审美等思维形式,这些形式同样也是构成多样化的数学思维表现方式至关重要的元素。甚至有研究者指出:"现代数学教育理论的研究表明,非逻辑演绎的、多样化的数学思维在中小学的数学活动中也是十分重要的。"在数学的浩瀚海洋中,理性的逻辑与非理性认知共同构成了推动数学向前发展的动力之源。

第三节　数学思维的发展

一、数学思维发展的特点

学生数学思维的发展受个体认知水平的发展影响,呈现出阶段性的特征,大致上经历直观行动思维阶段、具体形象思维阶段和抽象逻辑思维(包括辩证思维)阶段等。每种思维阶段都呈现出不同的特征,如果对应皮亚杰的心智发展划分,直观行动思维阶段主要处于皮亚杰的感知运动和前运算阶段,具体形象思维阶段则主要对应皮亚杰的具体运算阶段,而抽象逻辑思维阶段则主要对应形式运算阶段及更高阶层。尽管每一个阶段并不是严格的对应关系,但是人的数学思维发展大致上要经历这些阶段,且这种发展总是由低水平阶段向高水平阶段过渡,即低层次的数学思维逐渐向高层次的数学思维发展和演变。当然,这种发展不是以高层次思维取代低层次思维,而是高层次思维形态以低层次思维形态为基础,高层次思维形态的出现与发展又反过来带动、促进低层次思维形态由低水平向高水平发展。

在小学阶段,尤其是在小学低年级时期,学生的数学思维主要以具体形象思维为主,其思维呈现出较为明显的形象性的特征,他们认知加工的方式主要与具体的表象有关。而在小学高年级时期,学生渐渐掌握了一些相对抽象化的概念,能够逐步适应并区分一些事物外在与内在、表象与实质的因素。随着知识的不断深化和积累,学生逐渐习得了一些基本的数学概念、语言和符号,能够简单地进行独立的逻辑推理和论证;尽管较之以往,学生的思维有了明显的发展,但此时的思维活动仍然具有具体形象性的特征。在小学阶段后期,学生的具体形象思维已经逐渐发展成熟,他们可以逐渐摆脱对具体实物、图像的依赖,而逐渐向更高水平的抽象逻辑思维迈进,这是整个小学阶段学生数学思维发展的一个重要特征及趋势。

到了中学阶段,学生的数学思维迅速发展,抽象逻辑思维开始占据优势地位。这种思维主要有以下五个方面特征:第一,脱离了具体实物的支撑,学生能够通过运用概念、符号等数学语言进行思考,发现问题、提出假设、推理分析、得出结果;第二,学生能够对思维活动的过程预先设计,通过一定的计划、构思和设想,对思维活动的结果进行预估;第三,由具体运算思维占优势发展到形式运算思维占优势,具有思维的形式化特点;第四,思维活动的监控、调节、反思意识和能力得到了前所未有的发展,学生能够在学习过程中更加充分地彰显主体性和自主意识,这是思维发展到高级阶段所特有的属性;第五,思维的系统性、独立性和创造性明显加强,思维结构变得越来越复杂。在中学阶段,学生思维的发展也存在着一个类似于"过渡期"的关键阶段,有研究表明,初中阶段学生的数学思维多以经验型抽象逻辑思维为主,而进入高中阶段以后,理论型抽象逻辑思维占主导。这就意味着学生思维发展最终由半成熟走向成熟。

二、数学思维发展的重要性和必要性

(一)数学思维的发展可以加强数学与生活的关联

数学问题无处不在,无时不有,也与人们的生活密切相关。现实生活中处处可以发现数学的影子,小到生活中物品价值的计算,大到宇宙空间的开发探索,这些都建立在数学的基础之上,这也就意味着数学应用的普遍性和广阔性,它与现实生活有着极为紧密的内在关联。尽管如此,现实生活中的许多数学情境往往容易被人们所忽视,主要原因在于人们的数学意识淡薄,对数学的敏感性偏低以及数学思维不够成熟。提高学生的数学意识和思维能力,帮助学生增强对数学的敏感性,形成解决这些问题的意识和能力,这也是数学新课标提出的主要目标之所在。而培养学生的数学思维可被视为加强数学与生活之间联系的一种有效途径,因为良好的数学思维能使学生提出问题,问题源于情境,情境又能引入实际生活。这样,通过数学思维的发展,学生能够更加敏感地感知和识别现实生活中的数学问题,并运用数学的思维去解决现实问题,其结果必然使得数学和生活之间的关联得到强化。

(二)数学思维的发展可以增强学生的数学应用意识

数学应用意识主要是指学生能够自发地、主动地用数学的方式思考问题、提出问题和解决问题,将常见现象和问题转化为数学语言符号,运用数学思维来探索其本质。现代数学发展表明,数学体现出了越来越重要的人文价值和工具性价值,尤其是随着自然科学的飞速发展,数学的应用价值更是得到了前所未有的彰显,其作为其他自然科学的基础这一特征得到了一致的认可。当然,数学的应用并非只关注现实生活中实际问题的解决,可以说数学的应用体现在方方面面,它既可以作为一种语言,也可以作为一种思维,还可以作为一种策略。所以,教师应在数学教学过程中建立起知识的发展与应用的关联,务必使学生知其然也知其所以然,在知识的应用中进一步理解知识的内涵。发展学生的数学思维可以让学生用数学的眼光和视角来看待事物,认识世界的本质,从而有意识地应用数学去解决现实问题。

(三)数学思维的发展是科技时代的必然要求

当前,世界科技进步日新月异,知识的增长速度已经超越了以往的任何时期,尤其是在自然科学领域,知识的产生与创造成指数倍增加。这样的迅猛发展及变化趋势需要相对稳定和成熟的基础科学作为支撑,数学学科既为其他自然科学的发展提供了工具和手段上的支持,也为其提供了理论上的借鉴和引导。数学本身具有严密的逻辑性和高度的抽象性,它与诸多自然学科,如物理、化学、生命科学、工程科学有着内在的共通性,尤其是在当前信息技术快速发展的背景下,数学更是起着关键性的作用,数学在为其他学科的发展提供动力的同时,也受其他学科发展所推动。数学的发展也对人们的数学思维水平提出了更高的要求,在科技时代,不断提升数学思维水平是时代发展的必然要求。

三、数学思维发展评价

数学教学旨在激发和培养学生的数学意识,提高学生的数学思维能力,使其能够通过数学来探索事物的本质。数学思维的发展是在充分发挥学生个性经验的各种有效成分的基础上,通过开拓思维空间中促进思维发展的各种有效途径,经过一定的科学、规范和理性的训练,在一切可能的数学活动中进行的。数学知识结构的建立,有利于揭示数学活动中相应的思维水平上思维结构的基本成分,从而为有效的思维训练提供依据。

在数学教学活动中,实施思维训练的主要程序大致分为三种,即观察程序、练习程序和内化程序。经过一定的训练,学生可以习得相对稳定的、体现一定心理特性的数学思维能力。因此,数学思维能力是一种数学思维技能与技巧的内化形态在新的数学问题情境中所表现出来的"各种特性的一定的组合",或者说它是学生的数学思维的心理机能性机制在新的数学活动中的外化形态。这里的数学活动主要是指数学运算活动、数学推理活动和数学空间想象活动。对学生数学思维发展的评价需要一定的标准作为参照的依据,需要专门对学生数学思维的发展情况进行适度和适当的评价。

多年来,虽然数学是每个学生必学、每次考试必考的重要学科,但很多学生谈"数学"色变,缺乏学好数学的信心。在这里,狭隘的评价观念和单一的考试方式无疑扮演了"刽子手"的角色。单一的考试使数学教学只能局限在"同理解、记忆有关的部分被考查的内容";单一的考试只对学生起着分等级排序的作用,但"对教育活动自身的改善却微乎其微";单一的考试导致学生"以各种对策来应付这种考试",完全失去了考试评价所应具有的价值意义。因此这不能不引起我们的深思。

教育教学的过程,并不是一个简单的分数能够说明问题的。即使在具体的解题过程中,学生都做对了,我们仍可以清楚地看出不同学生对同一道题的解题过程也可能存在显著的差异。对于不同的解题过程、不同的心理特征,难道我们应该"一刀切"地对他们做出一致的评价吗?教育和教学既要重视学生学习的结果,也要关注学生学习的过程,二者不是二元分离的关系,而是共同构成检验学生学习结果的重要方面。就当前的数学评价标准及体系而言,单一地以分数作为评价尺度的做法,其弊端也越来越明显。因此,设计多元化的评价标准及方案,注重评价工具的监测、管理、调控、选拔和激励作用同等重要。

目前,在评价体系中,我们还不能完全忽视分数的作用,它在一定意义上也具有正向的作用,能够充当"指示器"的功能。但我们必须清醒地认识到,分数只是一种外在的衡量尺度,只是多种评价标准中的一种,我们应该用理性的态度去审视它的作用。在以分数作为参照标准时,我们必须以发展的眼光来看问题,清晰地认识到分数背后所体现出来的意义,这对于学生数学思维的激发和培养,对于数学学科本身的发展无疑具有重要的意义。

当然,学生的数学思维发展并不是"齐步走",不同个体在发展上都存在差异。这种差异受多种因素制约,因此,在数学思维发展评价的过程中更应该注重评价的适切性、多元化、灵活性。

第四节　小学数学教学及小学生数学思维现状的分析

数学能够启迪、培养、发展人的思维,被称作思维的科学。虽然其他学科或者其他方式也可以培养人的思维,但是就深度、广度、系统性而言,无法和数学学科相比。随着课程改革的深入,数学教学越来越强调对学生数学思维的培养,但并没有明确的培养方案。以至于在现实的教学中仍然比较突出地存在仅把数学当作实用科学、当作完成解题任务的现象。曾任北京大学校长的蒋梦麟先生在他的著作《西潮》中说过:"如果有人拿东西给美国人看,他们多半会说'这很有趣呀!'碰到同样的情形,我们中国人的反应却多半是'这有什么用处？'……我们中国人对一种东西的用途比对这种东西本身更感兴趣。"从经典案例"船长的年龄问题"我们，可以看出一些端倪。

一位教育心理学家给中国的中小学生出了一道测试题："一条船上有 75 头牛，32 只羊，问：船长多少岁？"结果竟有超过 90％的学生得出这样的答案：75－32＝43（岁）。船长的年龄和 75 头牛、32 只羊是没有关系的，这个答案当然是错误的。对这 90％的学生调查后发现，他们之所以会得出答案是因为他们认为，给出的数据肯定是用来列算式的，老师出的题总是有正确答案的，不可能不做，只有做了才能得分，不做的话就一分没有。于是，他们"动了脑筋"，自我筛选了一番：加一加，发现 75＋32＝107（岁），107 岁的人能开船吗？早就退休了；除一除，75÷32，二点几岁不可能；乘一乘，75×32，2000 多岁太离谱了；75－32＝43（岁），这不正好就是靠谱的答案了吗？案例中的学生，他们的思维禁锢在有数据就需要答案的程式中，而不去分析数据之间是否存在关联，他们的思维方向出现了严重的偏差，陈旧僵化的规则让思维进入了死角，这是思维发展的一大禁忌。

教学是什么？教学就是要把时代感、灵活性和生命力彰显出来。以下三个真实的案例让我们对在数学教学上该做些什么会多些思考。

【案例 1】种瓜得豆。

五年级有一个小女孩。数学两三个单元练习测验下来，她的分数一会儿八十几分，一会儿九十来分，总在那儿晃悠。小女孩问老师："有什么办法能让我的分数保持在九十分以上，甚至考满分呢？"老师回答说："勤能补拙，你多做点练习，相信种豆得豆、种瓜得瓜，期末一定能考好！"小女孩得到老师的鼓励，分外刻苦，买了很多练习书在家里做。可是，期末考试却没冲上 90 分。小女孩忍不住问老师："为什么我不是种瓜得瓜，却是种瓜得豆呢？"

这个案例给我们的启示是：数学思维好的孩子，数学成绩肯定好。机械、重复、枯燥的练习不是提升学习水平的好办法，要解决数学学习中的问题，应该抓住培养数学思维这条主线。

【案例 2】中文的作用。

在德国的一所小学，有一个刚随父亲移民的中国小男孩。上四年级的他获得了类似国内奥数比赛的金奖。可是，德国老师的一番话，让大家大跌眼镜。他说："中国学生的计算能力很不错，不知道他以后还能不能有这样的好成绩？中国孩子 5 岁左右就能连续数 100 以内的数。这跟中文的语言系统有关，如十一、十二、十三、十四，朗朗上口；用英文是 eleven，twelve，thirteen，fourteen，词与词之间的读法没有多大关联；德文也是类似的情况。所以，中国孩子数数的时候是机械的，我们的孩子在数数时头脑里有数的表象。"

这个案例给我们的启示是：缺乏思维的知识是空洞的、没有活力的。

【案例3】质数是什么。

担任德国数学认知研究专家Schwank（施万克）教授翻译工作的是一位四川外国语大学（原四川外语学院）的教师。一次，她参与数学教师的座谈会，正好谈到有关质数的教学，她迅速地译成中文，并试图解释质数的概念。想了一会儿，她放弃说："质数是什么，我忘记了。你们都是数学教师，我就不解释了吧。"想必当年为了考试，这位翻译对质数的概念肯定是背得滚瓜烂熟。可是，多年以后不再考了，学过的知识也就忘得一干二净了。

这个案例给我们的启示是：毕业后，一些数学知识可能不怎么用了或者根本就不用了，甚至是忘掉了。然而，不管学生以后从事什么工作，唯有深深地铭刻于头脑中的数学精神、思维方法，随时都能发挥作用，使他们受益终生。

美国学者贾尼丝·萨博把培养"聪明的孩子"还是培养"智慧的学生"概括为两种教育：

聪明的孩子	智慧的学生
1.能够知道答案；	1.能够提出问题；
2.带着兴趣去听；	2.表达有力的观点；
3.能够理解他人的意思；	3.能抽象概括；
4.能抓住要领；	4.能演绎推理；
5.完成作业；	5.寻找课题；
6.乐于接受；	6.长于出击；
7.吸收知识；	7.运用知识；
8.善于操作；	8.善于发明；
9.长于记忆；	9.长于猜想；
10.喜欢自己学习。	10.善于反思。

中国学生包揽了"聪明的孩子"的所有特征，美国学生囊括了"智慧的学生"的所有表现。"智慧"的每一个要素无不与思维紧密联系，正如哈佛大学校长陆登庭所说："成功者和失败者的差异不是知识也不是经验，而是思维能力。"中国学生要走出"成绩好，创造性思维不强"的怪圈，要在世界的科学领域傲视群雄，需要我们准确分析学生的思维现状，在改进数学学科教学上下功夫。教师要帮助学生通过学数学来理解世界，理解世界上与之相关的各种现象；帮助学生通过学数学掌握一种思维方式，训练思维能力。

学生的一些外显的行为会折射他们的数学思维状态。我们对五年级某个班级的学生进行了为期一个月的追踪听课,捕捉到以下具有代表性的现象。

【现象1】数学课上,教师津津有味地讲课,学生也在努力听讲,但是仍避免不了走神。

分析:此类学生知道数学学习的重要性,有明显的学习动机。但是在学习新的概念、理论,把以往看来互不相关的东西集合在统一的理论体系的过程中,缺乏对数学对象基本属性的准确把握,思维的整体性较差,以至于数学思维发展水平欠佳。

【现象2】学生解答了有关问题以后,再问他为什么这样做,他却张口结舌。

分析:学生虽然已经掌握了一些概念,并能进行简单的判断、推理,但是抽象思维发展还不完整,思维在一定程度上仍属于被动型、经验型,他们不能充分意识到自己的思维过程并进行自觉的调节和控制,数学思维的自觉性仍显不足。

【现象3】某些学生回答教师提出的问题后,如果遇到有不同意见的同学发言,只要对后面的答案赞同的人多一些或者见教师听得专注些,他们就比较容易放弃自己原有的想法。

分析:由于学生的数学思维正处在发展阶段,他们常常以教师、家长或优生的语言作为衡量事物对与错的标准,容易受到别人提示的影响,对数学问题的认识一般停留于认可,重结论而忽视过程,更不重视知识产生的背景和条件。于是,解题盲目从众,不能勇敢地参与争论,发表自己的见地。这是数学思维缺乏批判性的表现。

【现象4】一种错误出现以后,虽经订正,但还会反复出现此类错误。

分析:通过学习,学生逐步学会透过某些现象看本质,但是由于他们的数学思维停留在定型化的推理上,往往按习惯推理,不做深入思考,思维活动局限于固定程式。具体表现为思维僵化,因而对事物的认识缺乏变革和突破。这是数学思维肤浅、封闭的表现。

为了更准确地把握小学生的数学思维状态,我们对学区内一至四年级学生进行数学思维测试,测试形式采用集中测查与个别访谈相结合,关注学生的思维过程。共计抽取了1795名学生,其中一年级496人、二年级450人、三年级434人、四年级415人,抽查的学生中既有市级示范学校的学生,也有普通学校的学生,被试对象具有一定代表性。(测试题见附录)

表1-1 一年级学生思维测试情况统计

得分率 \ 题号	一	二	三	四	五
示范小学	99.3%	91.8%	77.2%	63.3%	46.3%
普通小学	98.8%	90.8%	75.6%	61.2%	43.7%

表 1-2　二年级学生思维测试情况统计

得分率　　题号	一	二	三	四	五
示范小学	95.2%	93.4%	70.4%	80.1%	73.4%
普通小学	84.1%	59.2%	60.3%	73.0%	68.8%

表 1-3　三年级学生思维测试情况统计

得分率　　题号	一	二	三	四	五
示范小学	85.7%	89.4%	93.6%	77.8%	59.1%
普通小学	70.0%	73.5%	78.3%	61.2%	50.9%

表 1-4　四年级学生思维测试情况统计

得分率　　题号	一	二	三	四	五
示范小学	81.9%	62.0%	70.3%	88.6%	21.3%
普通小学	60.9%	51.5%	56.1%	74.6%	4.4%

从上述数据可以看出,学生作为一个特定的学习群体,他们的思维状态在分析数学问题和解决数学问题的过程中已经表现出来。小学低段学生的思维活动在很大程度上还是与具体事物或生动的表象联系着,他们掌握的概念大部分是具体的、可以感知的,要求他们从具体的概念中抽象出最本质的东西很困难。但随着年级的升高,学生慢慢懂得区分概念的本质和表象、事物的主要方面和次要方面,能够独立地进行一些逻辑推理,但是思维活动还是离不开感性的经验。学生对数与代数板块中类似找规律、表述数与数之间关系的题,得分率高;对涉及图形与几何的内容,得分率低。对于信息呈现直接的问题,学生能运用所学知识解决;如果遇到隐藏信息的时候,学生不能深入理解问题的本质,存在着照搬、套用一些定律和公式的现象,缺乏应变能力。学生在解决问题的过程中有联想、比较,但他们更多的是通过简单的联想、草率的比较和片面的猜测得到结论;不善于在联想、比较中去发现,也不会运用多向思维通过寻找根据、周密分析、细致推敲获得答案。对于需要罗列不同思路的问题,学生普遍能找到一两种思路,但是要找出更多的思路或将其全部呈现出来,能做到的学生不多。对于需要判断说理的问题,学生能大胆猜测,但缺乏反省的怀疑,容易忽略数学事实的合理性和严谨性。对于稍难的问题,学生往往无章可循,盲目拼凑,不能通过由果索因、由因执果或用数形结合的方式进行有章有法的思维分析。总的来说,小学生数学思维的深刻性、灵活性、敏捷性、批判性和独创性还有待在数学活动中进一步提高。

此外,从示范小学和普通小学的数据对比中不难发现,两类学校一年级学生的得分率很接近,但随着年级的上升并没有因学习的深入、知识面的扩大而缩小差距,反而是差距远远大于起始年级。原因在于,示范小学把数学学习的核心——数学思维能力的培养,作为最重要的教学内容进行研究;普通学校则把数学知识点的落实摆在了首位。一切思维虽然应建立在基础知识的夯实上,但知识毕竟是死的,思维才是活的。学生只有具备了良好的思维品质,才能成为一个有创造力和智慧的人才。我们在与教师交流的过程中又捕捉到,有的教师比较强调逻辑思维的系统性、顺序性,有的比较强调思维的灵活性……谈及的是数学思维的某些方面,都不够全面。并且,他们的教学行为多数是在课堂上根据学生的反应随机采取的措施,对学生数学思维的培养没有一个系统和详尽的操作,这是影响小学生数学思维状况的外在因素。反之,也说明,只要我们在培养方式上找到有效的策略,必会促进小学生的数学思维发展。

学习数学,要对数学思维有足够的重视,好比"磨刀不误砍柴工"。刀变得锋利了,学习知识、解决问题这些"砍柴的事"自然就迎刃而解了。数学思维的培养能使人变得聪明、智慧。所以,弄清了小学生的数学思维现状,科学地遵循小学生的数学思维发展的特点,引导学生科学地学习数学,不仅可以发展学生的数学思维品质,而且能促进他们的数学思维能力的提升,乃至对他们未来的发展都能发挥重要的作用。

第五节　影响小学生数学思维及其发展的因素

小学生数学思维的培养与发展要经过一个长期的过程,而在此过程中,社会、家长、教师,甚至小学生自身,都有影响其数学思维发展的因素存在。

一、社会背景

随着社会的快速发展,人们看待教育的眼光也在逐渐发生变化,一方面希望小学生在健康快乐的成长环境中接受良好的教育,成为高素质人才;另一方面由于受到升学和就业压力的影响,社会对学生的评价仍旧停留在过于看重考试成绩的层面上,人们对高分热烈追崇。大家仅仅用成绩报告单上的分数来衡量学生的学习水平,将一大批学生的成绩进行横向比较,无视每一个小学生自身的纵向发展,忽略了最重要的一点——教育本身是一个长期而持续的过程,单纯的试卷分数是无法完全展现一个学生数学思维的真实水平的。

二、家长因素

望子成龙或望女成凤的渴望,让很多家长从子女上小学时便开始了暗暗的竞争。不能让孩子输在起跑线上,这是很多家长的心声。在这样的影响之下,部分家长将考试成绩看得异常重要,甚至有家长拿孩子每一次的考试成绩相互攀比,对于高分的追捧愈演愈烈。在这样的重压、竞争之下,家长们给孩子报各类补习班,购买如山的复习书,布置大量的作业,追求的就是试卷上的一个数字。久而久之,小学生也会受到家长在语言和思想上的强化,将取得考试高分作为学习的意义,将做对每一道题作为每天学习的目的。这样造成的结果就是小学生没有喘息的机会,更没有可以停下来静心思考问题的空间,他们的思维发展无疑会受到阻碍。殊不知,考高分的学生并非都会思考,而会思考的学生则很容易可以考高分。家长没有意识到培养一个会思考的儿童的重要性,相反,整个小学阶段都是为了分数而劳累。

当然,要培养一个爱思考、会思考,具有一定数学思维能力的学生,并不是家长可以独立完成的事情,教师在教学过程中也起着至关重要的作用。

三、教师因素

在教育教学过程中,学生是学习的主体,而教师则发挥着教学的主导作用,教师的教育理念以及教学方法将会影响学生的学习效果,从而直接影响小学生数学思维的发展。很多小学教师在发展小学生的数学思维方面存在以下三个问题。

(一)缺理念

毫无疑问,一线小学教师教学经验丰富,在课堂上充满智慧和才情,但是部分小学数学教师对培养小学生数学思维能力的意识还不到位,教育目标仍旧停留在培养"会做题的学生",而非培养社会需要的"会思考的学生"。由于教育观念陈旧,缺乏深层次的教育学、教育心理学方面的专业理论知识,有很多教师在课堂上向学生不断灌输解题方法、技巧,拼尽全力想让学生做对每一道题,在考试中取得更高的分数,分数和升学率变成教学的全部目标。在这个过程中,小学生的全部精力花费在了如山的练习题里,无暇顾及知识的联想、迁移,没有思考的空间,数学思维必然得不到应有的发展。例如,有的教师在教学"平行四边形的初步认识"一课时,有如下片段。

【案例1】"平行四边形的初步认识"的教学。

师:今天我们来学习一种新的图形——平行四边形。你们见过这样的图形吗?

生:见过!

师:说一说在哪些地方见过。

生1:在楼梯的栏杆上。

生 2：在校门上见过。

……

（师将准备的多媒体素材进行对比展示）

师：对，像这样的图形就叫作平行四边形。记住它有这样的特点……

（案例提供者：中华路小学　王晓琰）

如此的片段在日常教学中屡见不鲜，遇到概念性、规定性的教材内容时，教师擅长用讲授法处理，将知识点开门见山地灌输给学生。对于小学生而言，这样的学习无疑等同于背书，等同于直接模仿、依葫芦画瓢，毫无思维活动，更不用说发展他们的数学思维。根据新课标理念编写的新教材已改变了原有教材的内涵和形式——不再是学生从事数学活动的模仿对象，而是学生数学学习的基本素材，为学生的数学学习活动提供了基本线索、基本内容和主要的数学活动机会。一节数学课上，有的教师缺乏寻找数学思维增长点的意识，因此，也就错过了不少可以培养会思考的学生的黄金时间。

（二）缺方法

当然，由于教育观念的不断改进，一大批小学数学教师意识到小学生的数学思维水平的重要性，在日常教学过程中也有意识地培养小学生的数学思维。但是，有的老师对数学思维品质的理解和数学思维能力的培养完全建立在教学直观经验和教学体会上，没有形成全面的、系统的认识，对数学思维品质的内涵了解不足，对数学思维能力的培养价值的认识不够清晰，对该如何去培养学生的数学思维能力更没有一个系统的认识。他们对于"从孩子的角度出发去思考问题""蹲下身来教学"这些口号只是停留在口头和书面上，没有扎扎实实地落实，没有充分激活学生的思维，导致学生的数学思维发展缓滞。具体而言，体现在如下两个方面。

1.课堂教学。

课堂是教学的重要场所，是小学生数学思维增长的第一发生地，课堂中教师的环节设计、问题设计以及课堂评价等都会直接影响学生的思维发展。

（1）环节设计。

教学环节的设计直接影响小学生的数学思维发展。

【案例 2】"面积"的教学。

A 教师的教学。

师：同学们，摸摸课桌的表面和书本的表面。你们觉得哪个表面大？

生：课桌的表面大。

师：是的，物体的表面有大有小。物体表面的大小就叫作面积。感觉一下文具盒上表面的面积有多大。

学生用手摸文具盒的上表面。

师（在小黑板上出示一个正方形与一个长方形）：这两个图形，哪个大呢？

生：长方形大。

师:是的。围成的平面图形也有大小。围成的平面图形的大小也叫面积。

学生跟老师把这两句话读一遍。

师:能把这两句话合在一起说吗?谁试试?

生:物体表面或围成的平面图形的大小,就叫作面积。

师:谁再来说一遍?

……

B教师的教学。

师:同学们,你们喜欢画画吗?今天咱们来进行一个涂色比赛,看谁涂得又快又好,谁想来参加?(请两名学生来参加,上台后再出示大小不一的两张树叶。自然,涂小树叶的同学先完成,教师宣布涂小树叶的同学获胜。其他孩子听了马上皱起眉头,表示反对。)

师:你有什么话想说?

生1:我认为比赛不公平,他们涂的树叶大小不一样。

生2:这位同学的涂色面积小一些,当然就涂得快一些。

师:刚才这位同学提到一个词——面积,今天咱们就一起来学习有关面积的知识。(板书:面积。)

师:什么是面积呢?让我们带着这个问题,一起来看看书的第71页,了解一下。把你认为重要的词或不理解的地方勾画下来。

师:书上是怎么说的?谁来大声地告诉大家?

生:物体表面和封闭图形的大小叫作它的面积。

师:你认为这句话中哪些词比较重要?有什么不理解的地方吗?

生:物体表面、封闭图形、大小、面积。(师板书、勾画。)

(案例提供者:中华路小学 周巧)

教学活动环节设计的开放民主与否,直接关系小学生的课堂参与是否广泛。A教师在教学中有意识地让学生参与教学环节,但最终还是落脚在概念的单纯归纳、记忆上,没有落实小学生是否真正理解了"面积"一词的实际含义。而在B教师的教学中,教师将课堂民主化,让学生参与活动"竞赛",让学生对活动的看法畅所欲言,说出心中所想,引出"面积"这一概念,再由教师"聚焦",通过阅读与交流了解"面积",小学生在具体的感官体验下通过数学化的语言训练了思维。

(2)问题设计。

课堂教学中,教师的提问是激发小学生积极思考、进行思维碰撞的关键。将要教学的内容以提问的形式抛给学生,激发学生的好奇心及求知欲,促使小学生积极思考,从而在教师的合理引导下获得新知。一些教师在课堂上有意识地通过提问来达到以上目的,但是如果在教学环节中持续不断地使用平铺直叙、一问一答的模式,师生对话如拉家常,既无法调动学生的积极性,又不能活跃学生的数学思维。例如,在教学"读数写数"一课时,就有这样一个片段。

【案例 3】"读数写数"教学。

师:我们要学会写100,谁能来写一写?

(生 1 在黑板上书写 100。)

师:你们和他写的一样吗?

生:一样。

师:哪个小朋友来说说100的写法?

生 2:先写1,再写两个0。

师:还有补充的吗?

生 3:先在百位上写1,再在十位和个位上写 0。

师:对呀,说得很好。掌声鼓励!(学生懒洋洋地拍了几下手。)

(案例提供者:中华路小学　周巧)

这样的提问和师生问答平铺直叙,缺少波澜,不能有效激发学生的思维,推动他们积极思考。相反,课堂上,如果教师提出有价值的问题,不断"挖坑"引发学生的思维,就能促进学生的思维发展。这样不仅能强化教学重点,训练学生的数学思维,还能提高学生的学习效率。同样是"读数写数"一课中写"100"的环节,另一位老师是这样教学的。

【案例 4】"读数写数"的数学。

师:我们要学会写100,谁能来写一写?

(生 1 在黑板上书写 100。)

师:你们和他写的一样吗?

生:一样。

师(立即举反例,将"100"三个数字填入百位):这样行吗?

生 2:不行。

师:为什么不行?

生 3:100 就是一个百,所以在百位上写"1"。

师:原来是这样,那么我就在百位上写1,这样总行了吧?(如表 1-5。)

表 1-5

百	十	个
1		

学生立刻表示反对。

师:这样为什么不行?

生 4:百位上写1表示一个百,但是要用"0"在个位、十位上占位。

师：如果不写十位、个位上的 0 会怎么样？

生 5：那就不是 100，而是 1 了！

生 6：当个位、十位上一个也没有的时候，要用 0 来占位，不能不写。

（案例提供者：中华路小学　王晓琰）

这是一个很精彩的教学片段。教师用追问连续抛出几个问题，出示反例促使学生不断思考、判断和表达。一个问题解决之后紧接着是一个关联问题，不但要学生开动脑筋分析思考，还要将想的过程用语言表述清楚，这样的设计让学生的头脑保持了思维的连贯性。在这样的问题引导下，知识点的关键性结论全部由学生自己总结表达，充分展现了学生的思考过程及思维发展的进步。

（3）评价语言。

有教育研究者对评价的科学性发表过独到见解，他们认为教师应该选择多元的评价方式，例如学生发言后一句表扬的话语，作业旁一个鼓励的"棒！"，解题过程旁的思维加分。多元评价让儿童感受到即使算错了结果，但是只要在解决问题的过程中表现出数学思维，也会得到老师的肯定。在这样的学习环境中，他们会获得成功的体验，收获学习的快乐，树立学习数学的信心。正如哲学家杜威所说："人类本质里最深远的驱策力就是希望具有重要性。"

教师对于学生的学习应当采取恰当的方式进行评价，这样才能有利于小学生数学思维能力的发展。正如《义务教育数学课程标准（2011 年版）》（以下简称"《课标（2011年版）》"）在课程基本理念中所指出的，"学习评价的目的是为了全面了解学生数学学习的过程和结果，激励学生学习和改进教师教学。应建立目标多元、方法多样的评价体系。评价既要关注学生学习的结果，也要重视学习的过程；既要关注学生数学学习的水平，也要重视学生在数学活动中所表现出来的情感与态度，帮助学生认识自我、建立信心。"因此，若教师能在给学生取得的进步和成绩以积极的评价的同时，巧妙地指出其学习过程中的不足，则有利于引导学生向正确的方向进行思考，激励他们的学习，从而促进小学生的数学思维发展。

【案例 5】应用题教学。

师 A：这道题该怎样解答呢？谁愿意把你的解题过程写到黑板上来？（一名学生上台在黑板上书写，其他都写对了，唯有在写单位时忘记了加括号。）

师 A：同学们，他的答案对吗？

生：不对，少写了括号。

师 A：是啊，还是太粗心了。（师随手在黑板上画了个"×"。）

同样的案例，发生在另一个教师的课堂中，却是不一样的处理方式。

师 B：小媛，你能向同学们解释一下你的解题过程吗？

小媛表达想法。

师 B:同学们,你们赞同她的解法吗?

生 1:我和她想的一样。

生 2:但是她少写了括号就不对了。

师 B:真好,小媛的解法很有道理。我们再完整地看一下她的书写过程,这里写单位时应该加上括号。

师 B:你愿意上来补写一下吗?

小媛随即在黑板算式中的单位旁添上括号。

师 B:真好!(师随手在黑板上画了五星。)

(案例提供者:中华路小学　周巧)

【案例 6】计算题教学。

师 A:这些计算题,同学们会算吗?做在草稿本上,看谁算得又对又快。

生计算。

师 A:好,老师报一下答案。大家自我批改一下。

师报答案,生批改。

师 A:好,做错了的同学请举手。

几个学生缓缓地举起手来。

师 A:小明,说说你错在什么地方,为什么错了。

小明很不情愿地站起来,低着头小声地说道:我把运算顺序弄错了。

师 A:知道了,下次改正。

师 A(眼睛又看向另外一位同学):你呢? 说说你为什么错了。

还是同样的情况,另一位教师的做法则换来不一样的效果。

师 B:哪位同学愿意交流一下自己的答案?

小珊报答案,其他同学判断对与错。

师 B:全部做对的同学请举手。

很多学生很快地举起手来。

师 B:大家都很不错。如果自己哪道题做错了,现在把它订正过来,并在旁边写出错误的原因,待会老师再单独与你交流,好吗?

(案例提供者:中华路小学　周巧)

诸如上述案例中教师 A 所采用的"曝光式"评价方法,在目前的课堂中仍大量存在,甚至还被称赞为"当堂问题当堂解决"的好方法。如果教师与学生进行一下换位,其中的滋味又当如何呢? 严格不等于挑剔,求全责备的教学只会换来学生学习上的自卑。《课标(2011 年版)》提出,评价不仅要关注学生的学习结果,更要关注学生在学习过程中的发展和变化。评价不是甄别,评价最应该发挥的功能就是激励。教师是小学生学习的引路人,对于学生良好的数学思维,教师要做的是尽可能地保护、引导和发展。指出错误的方式有多种,并非只有直接画"×"才能奏效。学生在完成题目的过程中难免会犯错,有关书写或计算的错误,我们可以亲切地帮助其改正;同时,也要以适当的方式引导学生开阔解题思路,提升思维品质。

2.练习设计。

作业练习是对教学内容的有效延伸,是对课堂学习的巩固和深化,是学生课外学习的重要手段。对于教师来说,课后练习是教学的一个重要组成部分,是获取教学反馈信息的重要途径。通过批改学生的作业,教师可以及时获得教学的反馈信息,发现学生学习的难点和弱点。学生通过作业可以及时巩固所学的知识,了解自己的学习情况。学生在作业中遇到不懂的地方或出现了错误,可以向教师或其他同学请教,从而促进自我反思,改进学习方法。有思维价值的数学练习,可以让学生在思考的过程中得到数学思维的训练和发展。相反,如果练习的设计只是靠作业量的堆积,教师重复布置相同或类似的习题,这样的练习对小学生的数学思维发展是毫无裨益的。例如,有的教师常常会布置以下作业。

计算:

3元5角+8角=( )元( )角

4元2角+1元4角=( )元( )角

5元-4角=( )元( )角

15÷3=

14÷2=

21÷4=

33÷4=

......

而同样是训练学生的计算能力,有的教师则是这样设计练习的:

1.3元5角+8角=( )元( )角,是因为( )。

2.15÷3=( ),写出求得商的过程:_____。

这样的练习,没有过多的作业量,不会给学生带来过重的负担,不仅达到了检测学生计算能力的目的,还能帮助学生理解算理和梳理算法,让学生在做作业中养成条理性和逻辑性思考的好习惯。通过作业布置可以看出,教师不但要求学生会计算,还要求学生将思考的过程用自己的语言完整有序地记录下来,这样的作业既能让学生复习、巩固知识,又可以发展学生的逻辑思维能力。

四、学生因素

社会、家长、教师对学生的影响是外因,而对于小学生而言,自身也有许多影响其数学思维发展的因素。

（一）生理因素

小学生 7 岁起进入学校,12 岁毕业,整个小学阶段都处在少年儿童时期。儿童入学以后,许多书写活动将会使手的关节肌肉运动量大为增加,手的关节肌肉感觉也同步发展。处于数学思维启蒙阶段的一年级小学生,不但要学会拿铅笔写字、画画,还要学会使用尺子,学会用橡皮,学会削铅笔等。这些动作不熟练时,儿童将显得特别费劲,必然影响学习速度。动作慢的孩子跟不上班级的平均速度,就会延迟学习的节奏,滞缓思维的节奏,影响数学思维发展。

尽管学龄初期的儿童可以带着目的完成观察活动,但是他们的知觉仍然不够准确,突出表现在方向判断和对图文符号的辨认不准上。对符号或文字的错误辨认,极易导致概念性的混淆,将相近或完全不同的概念视为相同,或者出现"张冠李戴"的情况。

心理学家朱智贤认为,小学阶段儿童思维的基本特点是从以具体形象思维为主要形式逐步过渡到以抽象逻辑思维为主要形式。但是这种抽象逻辑思维在很大程度上仍然与感性经验相联系,具有很大程度的具体形象性。由于身心发展的特点,对于小学中低年段的学生而言,他们的思维活动在很大程度上还是与面前的具体事物或其生动的表象联系着的,需要借助具体案例来帮助感知较为抽象的概念。但小学生其实是具备一定的抽象概括能力的,随着年龄的增长,思维的抽象性会逐渐增强,与思维的具象性相互影响而发展。根据著名心理学家皮亚杰的儿童认知发展阶段理论,小学生的思维主要处于具体运算阶段,低段儿童的运算学习要借助实物进行,有些儿童在解决问题时需要教师为他们创设情境。因此,在低段教学中,教学设计应顺应儿童的思维特点,尽量具体化、形象化。正如心理学家刘范等所言,即使是只要求儿童进行对抽象的数进行运算的项目,儿童也往往会借助于直观的图像、实物,或者具体的情境以求解答,当他们解题遇到困难的时候,这种现象更为常见。例如,在学习"分数的意义"时就有如下一个案例。

【案例 7】单位"1"的理解。

师:老师请大家小组合作,用老师提供给你们的圆形纸片、毛线、4 个小女孩的图片和 12 根小棒表示出单位 1。

生 1:把一张圆形纸片对折再对折,每份用分数 $\frac{1}{4}$ 表示。

师:你为什么要对折再对折?

生 1:平均分。

师:还有其他的表示方法吗?

生 2:将绳子剪成一样长的 4 段,每段是 $\frac{1}{4}$。

生 3:我把 4 个小女孩中的其中一个圈起来,也表示 $\frac{1}{4}$。

生 4：我用 4 根火柴棒，把它们平均分成 4 份，每份是 $\frac{1}{4}$。

生 5：我用 8 根火柴棒，也平均分成 4 份，每份 2 根，也是 $\frac{1}{4}$。

生 6：我用 12 根火柴棒，每份 3 根，也是 $\frac{1}{4}$。

师：请大家想想在表示的过程中有什么相同的地方或不同的地方。

生：都是平均分。

师：有什么不同的地方呢？

生：分的对象不同。

生：有的分的是一个图片、一个物体，有的分的是好多个物体。

师：一个图片、一个物体，平均分后表示其中的几份可以写成分数，那么像 4 个小女孩中的一个，8 根火柴棒中的 2 根等这些都可以用自然数来表示，为什么也要用分数来表示？

生：把好多个物体看成一个整体。一个小女孩，2 根火柴棒都表示整体的一部分。

分数是一个极为抽象的概念，如何将生活中用自然数表示的物体转化为"单位 1"的数学概念，就要利用小学生现阶段的生理特点。

小学生意义识记的能力正在发展，对于已经理解的教材内容，能够通过逻辑加工来进行识记。形象记忆在一年级儿童的记忆中还占重要地位。因此，教学中运用直观方法来巩固所学的知识会对小学生的数学思维培养起到正面强化作用。

小学生的思维还有一个显著特点——思维还带有很大的依赖性和模仿性，他们独立而灵活地思考问题的能力比较差，以至于他们在学习的过程中会出现"呆板学习"的现象。"呆板学习"常常表现为：直接套用公式、直接模仿例题、答非所问等。例如：

【案例 8】题目：一辆汽车从甲地开往乙地，开始以 60 千米/小时的速度行驶了 3 小时，又接着以 80 千米/小时的速度行驶了 2 小时到达目的地，问汽车在行驶过程中的平均速度是多少。

[解]

$(60 \times 3 + 80 \times 2) \div (3 + 2)$

$= (180 + 160) \div 5$

$= 340 \div 5$

$= 68$（千米/小时）

答：汽车在行驶过程中的平均速度是 68 千米/小时。

[常见错误]

1. $(60 + 80) \div 2$

   $= 140 \div 2$

$$=70(千米/小时)$$

答:汽车在行驶过程中的平均速度是 70 千米/小时。

2. $(60×3+80×2)÷2$

$$=340÷2$$

$$=170(千米/小时)$$

答:汽车在行驶过程中的平均速度是 170 千米/小时。

3. $(60+80)÷(2+3)$

$$=140÷5$$

$$=28(千米/小时)$$

答:汽车在行驶过程中的平均速度是 28 千米/小时。

(案例提供者:中华路小学　刘斌)

以上几种案例是在"路程问题"类型的解决问题中经常出现的错误,究其原因是没有独立完整地思考并理解题意,看到题就匆忙套用"路程÷时间=速度"的公式,从而导致解题错误。小学生思维模仿性的特点,若不加以纠正就会变成依赖习惯,懒于动脑,导致数学思维严重落后。

小学生的记忆范围虽然在小学阶段不断扩大,有意识记忆的能力也在逐渐发展,但由于缺乏生活经验以及抽象逻辑思维发展不足,他们往往还不能很好地组织自己的记忆活动,也不能恰当地运用识记方法,难以做到短时间内记住很多东西。数学是思维的体操,但如果知识性的储备不足,就难以在扎实的数学基础上发展深层次的数学思维。例如,二年级学生在背诵"九九乘法口诀表"的时候会遇到很大阻碍。即使学生已经在课堂上理解了每一句乘法口诀的含义,掌握了口诀之间的基本规律,但是在短时间内,打乱顺序背乘法口诀,将四十五句乘法口诀背到滚瓜烂熟,对于他们来说仍然是一件头疼的事情。"表内乘法"这一知识点是学习乘除法所有知识的重要基础,小学生背诵乘法口诀的熟练程度直接影响"表内除法的计算"以及今后"整十数乘一位数""两位数乘两位数"等内容的学习。

(二)心理因素

小学生的心理特征主要表现在情绪化及只有当学生的思维与经验、动感、模糊判断、兴趣、情感和意志联系在一起时,才能达到的一种学习新境界。这种经验、动感、模糊判断、兴趣、情感和意志诸要素的融合是一种无形的"思维场""情感场"和"认识场",它具有激发探索、发现和创造活力的作用。当儿童内心感到重视、肯定和关心时,他们就会爆发出巨大的学习热情。小学阶段的学生情感丰富,一方面,他们对新鲜事物充满好奇和热情;另一方面,他们的情绪极易受他人的情绪影响,情绪波动大,不容易用理智控制。当儿童内心感受到重视、肯定和关心时,他们就会爆发出巨大的学习热情。否则,就会表现出对学习的厌倦、畏难情绪。

【案例9】在考试、订正试卷的阶段,小学生的畏难情绪表现得尤为突出。班上有一个孩子小艺,课堂学习能跟上大家的步伐,但是每次考试总是不能按时完成试卷,在一次测验中他从第一大题口算题开始,就咬笔头、抓头发,看着一道道口算题紧皱眉头不愿动笔,老师提醒他抓紧时间赶快做,他就慢腾腾地答一题,这样的速度怎么能达到要求?

订正试卷时,老师评讲完试卷,学生自己改正,班里总会有几个孩子是抄写别人的答案交上来,甚至不管对与错,只是应付老师布置的任务。

(案例提供者:中华路小学 刘斌)

由于小学生的心理特点,他们容易对稍有难度的事情产生畏难情绪,从而变得拖沓或懒惰,这将严重地影响小学生的数学思维发展。但是,小学阶段的学生大部分是有积极向上的进取心的,这与他们求知欲、自尊心和好胜心强是分不开的。例如,在小学数学课堂中,教师常常会使用"开火车"的形式进行计算类题目的训练。在紧张激烈的竞争环境之中,小学生由于集体荣誉感和好胜心强,会时刻保持高度兴奋、持续思考的状态,这样的氛围激活了每一个参与者的数学思维,对小学生的思维训练有积极影响。

尽管小学生在学习中容易被激发求知欲,但他们思考问题不周密,往往带着浓厚的感情色彩去看待周围的人和事,有时片面坚持已见,容易受思维定式的影响。例如:

$4.9+0.1-4.9+0.1$

$=4.9+0.1-(4.9+0.1)$

$=0$

这是一个典型受思维定式影响的易错题目,在这类四则混合运算中,学生往往受题目某些数据特点和某些运算符号等强成分因素的影响,产生心理错觉,导致计算错误。这道题中"减号两边的数字相同",在学生的记忆中占绝对优势,很快上升成强成分优势,而运算顺序则下降为弱成分,导致计算错误。

发展小学生的数学思维,需要社会、家长、教师以及小学生的共同配合与努力,任何一方面的负面因素都可能造成小学生数学思维发展的滞后。

参考文献

[1] 郭思乐,喻纬.数学思维教育论[M].上海:上海教育出版社,1997.

[2] 王宪昌.数学思维方法(第2版)[M].北京:人民教育出版社,2010.

[3] 中华人民共和国教育部.义务教育数学课程标准(2011年版)[M].北京:北京师范大学出版社,2012.

第二章　丰富数学表象策略

第一节　空间想象

一、内涵解读

想象力这个词,对大家来说并不陌生,它是科学研究中的重要因素。我们经常提及的想象力,其实就是形象思维能力。古今中外在科学技术上有所贡献的人,除了有渊博的知识以外,还具有丰富的想象力。科学技术上的创造性想象,又都离不开空间想象能力与思维能力的培养。因此,世界上科学技术发达的国家,都很注重从小培养少年儿童的想象能力与思维能力,都普遍重视图和图样知识、技能的普及和提高,以及通过它们培养空间想象能力与思维能力的教育。心理学的观点认为,想象是一种特殊的思维形式,它是人脑基于存储其中的表象进行加工、改造,而创造新形象的过程。从这个意义上讲,想象离不开人的主观能动性,离不开加工、改造,单纯的表象再现不是想象。

空间想象能力是指人脑对客观世界中物体的空间形式或几何形体进行观察、思考、分析和认知的能力,它反映的是一种抽象思维水平。一般而言,人的空间想象力体现在以下三个方面:第一,能基于几何形体或表述几何形体的语言、符号,在大脑中展现相应的空间几何图形并对其直观图形做出正确想象;第二,能在大脑中根据直观图想象其所反映的几何形体以及其中各部分的不同形状、位置关系和数量关系;第三,能对大脑中已有的多维几何图形进行分解、重新组合、巧妙变形,产生新的立体图形,并正确分析位置关系和数量关系。

在当前,数学新课程改革更加突出对学生数学能力的考察,并强调要培养他们的想象能力,使之更加具有创造、创新的潜力。在基础教育阶段,培养学生的空间想象能力是重点,也是难点。而衡量一个学生空间想象能力的基本标准,就是他们对直观图形的依赖程度,对平面和立体空间中不同位置的判断与分析能力,对各种空间形体进行拆解、组合的运算水平。因此,我们可以着重在这三个方面下功夫,循序渐进地提高学生的空间想象能力。

从实际的教学中我们可以体会到,空间观念不仅对于学生空间想象能力的培养起着至关重要的作用,也是创新思维所需的基本要素,没有空间观念,就谈不上创新和任何发明创造。《课标(2011年版)》中提到:"空间观念主要是指根据物体特征抽象出几何图形,根据几何图形想象出所描述的实际物体;想象出物体的方位和相互之间的位置关系;描述图形的运动和变化;依据语言的描述画出图形等。"由此可见,同数学其他分支相比,几何图形的直观形象为学生进行自主探索、直观表达、动手操作和大胆创新提供了更有利的条件,可以促进学生空间观念的发展和空间想象能力的提高。

二、策略运用

(一)根据实物模型,提升学生的空间想象能力

怎样通过实物模型来提高学生的空间想象能力呢?我们不妨在实际的教学中充分利用实物或实物的模型来进行直观形象化的展示,从而强化学生的空间观念。具体来说,一方面,教师可以指导学生根据实物或其模型进行结构分析、模型制作;另一方面,也可以带领学生进行实地考察,对实物做全面、准确的观察和测量。这样坚持下去,通过不断的直观感受的刺激,学生对实物、模型或者几何图形的记忆和空间理解会更加深刻。慢慢地,他们在即使没有实物或模型可供参照的情况下,也能进行独立的空间思考和想象。因此,在实际教学中,挑选和利用恰当的实物模型作为教具开展数学教学,对于培养学生空间观念,提高空间想象能力具有非常重要的意义。

【案例1】在体积概念的教学中,应该让学生首先搞清"空间""空间大小"的实际意义,再理解物体所占空间大小。教学时,必须充分发挥直观演示的作用,使学生清晰地看到:由一个一个面围成的木箱或纸箱,占据了一定的位置,箱子所占的位置可以说成"空间"。因此,给学生准备以下两次实验:第一次,先把箱子放在地上,让学生尝试通过,使学生知道因为箱子占据了空间,我们只能绕道走。第二次,路面上不放任何物体,仍然让学生走一走,他们会发现道路平整通畅,没有物体占据空间,不需要绕道走,从对比中获得空间知觉。在这个基础上,进一步引导学生观察物体所占的空间有大有小,这就是物体的体积。这样做,不仅可以让学生正确地理解几何的基础知识,而且还能使他们获得空间知觉,培养空间观念。

(案例提供者:中华路小学　袁丽)

借助生活中的模型(如建筑物)或者展现立体几何教学模型(如圆柱、正方体),指导学生对看不见的部分和线、面的延展展开想象,有助于他们更好地认识空间形式,形成空间观念,培养空间想象力。学生建立空间观念,进行空间想象需要有直观基础和

直觉实际的支持。我们在教学过程中,要注意帮助学生寻找直观支柱,充分发挥直观教具的作用,并在直观的基础上帮助学生由感性认识上升到理性认识。

(二)指导规范作图,培养学生的空间想象能力

重视作图的教学,是培养学生空间想象能力和思维能力的一个重要环节。作空间图形的直观图,实质是空间图形的平面化表示,其原则是看起来要"像"。作图要规范,因为规范作图实际上是对"如何作几何体的平面图"与"平面图如何看(想象)成体"这两个问题的大众化的统一回答。

过去,按教材的三步法"示例—总结—模仿"来进行作图教学,效果不是很理想。对于现在的小学生来讲,作图是他们的一个大问题,大多数学生在作图时总是不够规范,做出来的图总是不像,常常把实线画成虚线,虚线画成实线。为了克服学生作图不规范和不像的毛病,在平常的教学中可采取如下的措施:上课时让学生在黑板上画图,然后师生共同评析,看哪个同学画得好,优点在哪里,存在哪些毛病;印发常见的基本直观图给学生,让他们反复观摩,然后再画出来;课外组织学生进行"画直观图比赛"。这些措施可以激发学生的学习兴趣,使学生认识到规范作图的重要性,增强学生的作图能力。同时,还可以在教学班级里,对于简单的平面几何图形要求人人过关;对于相对较难的正方体、长方体和圆锥等小学阶段出现的立体图形,也要求学生们画出透视图的各种形状和各种方位的不同图形。这对于培养他们的空间想象能力都是十分有利的。

(三)强化数学思考,发展学生的空间想象能力

小学生的思维处于形象思维向抽象思维的过渡阶段,数学概念往往具有一定的抽象性,空间观念的发展需要丰富的现实情境、大量的实践活动和强烈的感官体验。但需要注意的是,要让学生充分经历数学化的过程,要把观察、操作、思考、想象和交流等活动结合起来,发挥学生的空间想象力,强化学生的数学思考,实现二维平面与三维空间之间的转化,这样才能有效促进活动的内化及空间观念的形成。

【案例 2】"搭一搭"教学片段。

师:下面两幅图分别是从物体正面和右面观察得到的平面图,请你根据这两幅图搭出实际物体的形状,如图 2-1。

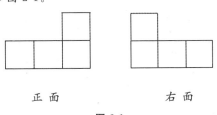

正　面　　　　　　　右　面

图 2-1

活动要求：

(1)先想一想实际物体的形状是怎样的,需要几个小方块搭成。

(2)用小方块搭一搭,看一看与自己的想法是否相同。

(3)与同桌交流,并准备汇报。

学生开始活动,教师巡视指导。

师:谁愿意把自己摆的形状展示一下,并说说你是怎样摆的,用了几个小方块?

生1:我先考虑正面,在下面一层并排放3个小方块,右边一块的上面再放1个,这样是由4个小方块组成。然后再考虑右面,只要再放2个就可以了。(学生上台展示,如图2-2所示。)

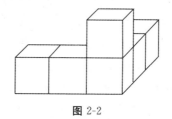

图2-2

师:这位同学说得非常好,很有条理。他一共用了6个小方块,有没有同学也用了6个小方块,但搭的方法不一样呢?

生2:左侧的2个小方块同时往后移一排或移两排都可以。

生3:右侧后面的两个小方块也可以往左侧移一排或者两排。

生4:听了刚才同学的话我想到,左侧的两个小方块一个往后移一排,一个往后移两排也是可以的。

师:看来,同样是6个,可以有不同的搭法。刚才是用了6个小方块,有没有用得比他多的或者比他少的,你认为最多可以放几个小方块?最少需要几个?

生1:我觉得7个、8个、9个、10个都可以,我认为最多是10个。(学生上台展示搭图,如图2-3所示。)

师追问:有可能更多吗?

生1:不可能了,因为长度、高度都不能超过前面一排。

生2:我觉得最少只要4块,斜放3块,再在最前面1块上面放1块。(学生上台展示,如图2-4所示。)

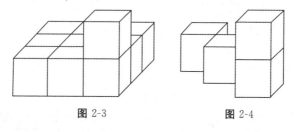

图2-3   图2-4

师:看来这确实是最少的了,这位同学的观察能力很强,真厉害!

师:从刚才的讨论中,我们发现,只提供给你从两个方向观察到的平面图,你能确定这个物体的形状吗?

生(齐答):不能。

师:我这里还有一幅从上面观察这个物体得到的平面图(如图 2-5),现在你能确定这个物体的形状了吗? 请你想一想,再试着搭一搭。

学生活动,搭出物体,如图 2-6 所示。

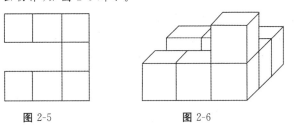

图 2-5　　　　　　　　　图 2-6

师:通过刚才的活动,你有什么想法?

生 1:两个方向得到的平面图不能确定物体的形状,要看三个方向的平面图才能确定物体的形状。

生 2:用小方块搭物体,使用块数最多的摆法要使面和面尽可能多地重叠,而且尽可能满放。使用块数最少的摆法就是要尽量把小方块的每个面都露出来。

空间想象的建立一般要经历从直观操作到形成表象再到语言表征的渐进过程,发展空间观念也离不开有价值的数学思考。在上述教学片断中,教师围绕空间想象的培养组织学生开展活动,注意引导学生把观察、想象、操作、思考和交流结合起来,学生先根据平面图进行空间想象,再通过实物操作进行验证,然后在思考和交流中内化,在拼搭立体图形的活动中,不断地经历着二维平面与三维空间的转化过程,尝试用上、下、左、右、前、后等词描述正方体的相对位置,并总结出要从三个不同方向观察到的平面图才能确定一个物体的具体形状。在这个过程中,教师很重视学生想象力的培养,因为想象是从直观感知到形成表象过渡的重要基础,没有想象学生就难以在头脑中建立一定的表象,更谈不上空间观念的建立。此外,教师还要注重学生操作之后的反思行为,适时地引领和提升,引导孩子反思自己或同伴的操作行为,帮助学生获得操作活动经验和问题解决策略。

(四)运用多媒体,增强学生的空间想象能力

多媒体技术在几何知识教学中发挥着重要的作用,可以提供动静结合、化静为动的图像,能促进学生建立空间观念,从而培养空间想象力。小学中的几何初步知识,大多数都与学生的日常生活紧密相连,孩子们在获得空间观念的过程中,视觉、触觉、听觉及其相互结合起着重要作用。空间想象是高一级的心理活动,空间想象力是空间观念的进一步发展。多媒体的演示可以提供丰富的感性材料,也可以呈现思维过程,促进学生空间想象能力的提高。

小学生的空间理解能力有限,教师必须通过多种途径用声情并茂的肢体语言和新颖多样的多媒体课件展示,有效刺激学生的感官,使其能自由地展开想象,这不仅能提高学生的学习积极性,而且可以加深他们对所学知识的理解,从而提高课堂教学效率。

【案例3】在学习"圆的认识"一课时,教师们经常会设计这样几个问题:"同学们,自行车的车轮为什么不是长方形或正方形?如果自行车的车轮是椭圆呢?你能想象一下骑这样的车会是怎样的情景吗?"学生立即展开想象,一边想一边说,教室里笑声一片,那会颠簸得很厉害,有的学生甚至做起动作表演起来。学生回答后,教学课件立马将孩子们想象出的情景用动画展示出来:画面上显示着一个骑着车轮是椭圆的自行车的人,在马路上被颠簸得狼狈不堪的滑稽情景。通过观看这一动画,学生对圆的认识和理解会有更进一步的认识,同时直观形象的教学手段可以更加丰富学生的想象力。

(案例提供者:中华路小学　袁丽)

【案例4】在教学"圆面积的公式"一课时,教师会精心制作一个教具,把一个圆分割并拼成一个近似的长方形,大家都知道,等分的份数越多拼成的图形就会越接近长方形。如果没有教具的帮助,学生难以展开正确、合理的想象,从而影响空间观念的形成。若此时应用多媒体教学,就能把学生理解中的难点——近似长方形的长由曲线变成直线的过程动态呈现,为学生积累丰富的感知材料,为大胆合理的想象打下坚实的基础。

(案例提供者:中华路小学　袁丽)

三、提炼反思

综上所述,发展学生的空间想象能力是小学数学教学的重要任务之一,但学生空间想象力的发展绝不是一朝一夕的事情,它需要长时间的各种活动经验的积累。它对几何乃至其他任何学科的学习,对多种能力的培养都有很大的影响。因此,进一步深入学习平面几何和立体几何,对于发展学生的空间想象能力有很大的帮助。

任何能力的发展都离不开不断的认识、理解、积累、应用,空间想象能力也不例外。它要求我们借助实例,将客观世界中的空间实体高度抽象,并做出科学而合理的分析、推理。对于教师而言,就需要精心设计教学,如多运用实物模型、多媒体进行直观形象化的展示,调动学生全方位的感官参与,指导学生进行举一反三的思考。唯有如此,学生的空间想象能力和抽象思维能力才能得到全面发展。

第二节　直观演示

一、内涵解读

数学是研究客观世界中数量关系和空间形式的科学,它具有高度的抽象性和严密的逻辑性。因而,对于很多学生而言,数学是一门比较难的学科。直观演示是使数学知识变得让学生比较容易理解的一个重要的手段。小学生的年龄小,对新奇的、具体的事物比较感兴趣,他们的思维是以具体形象思维为主并逐步向抽象思维过渡的,但这种抽象逻辑思维在很大程度上仍然靠感性经验的支持。因此,小学生学习数学更多地需要感性的认识,特别需要借助实物进行直观演示教学。

数学的直观演示是教师根据数学内容特点和学生学习的需要,运用各种教学媒体把数学知识的概念、内涵、变化过程展示出来,指导学生理解和掌握数学知识,培养数学思维能力,提高数学操作技能的教学活动方式。在平常的数学教学中,借助直观演示能够把抽象的数学知识与生活实际相结合,化抽象为形象,帮助小学生克服学习中遇到的困难,激发小学生学习数学的兴趣,进而达到提高学习效率的目的。

二、策略运用

我们在数学教学中,直观演示主要是为了帮助学生有效地学习基本概念和基本原理,让学生通过丰富的感性材料的积累形成数学相关概念,并容易理解和巩固所学知识;引导学生学会由表及里、由现象到本质,全面地认识问题,正确地掌握及运用数学知识。

在日常的教学中常用的直观演示教学的方式主要有:物与模型直观演示、数形结合直观演示、多媒体直观演示。

(一)运用实物或模型直观演示,帮助学生有效突破认知难点

实物直观演示就是把实物或实物模型拿到课堂上让学生观察,使学生了解物体的形态、构造等特点,达到正确感知事物特征的教学目的。

在小学数学教学中,数学的内容与学生实际的认知水平相冲突的情况时常发生,从而使学生产生学习障碍。恰当地运用直观手段就是一种有效突破学习障碍、促进学

生认知发展的有效方法。如果运用实物或模型直观演示手段,就能有效揭示那些用语言难于讲清,或者虽能讲清,但学生受认知限制仍然难于理解的内容,使学生厘清内在联系,顺利突破教学难点,实现有效数学。

【案例1】在执教"圆的认识"时,我给学生做了这样的直观演示:出示纸做的圆形,将圆形对折。问:"这条折痕是圆的什么?"学生观察后回答是"直径",接着我将图形再对折一次,又问:"折痕是圆的什么?"同时用手势引导观察,问:"得到了几条半径?"再来对折一次,问:"现在得到了圆的几条半径?""让这些半径互相重合,折痕相交的那个点是什么?"这样的直观演示,揭示了圆的直径、半径和圆心的含义,起到了比较好的帮助概念理解的作用。

(案例提供者:中华路小学 于鹭)

【案例2】教学"面积单位的认识"时,我准备了两个大小分别为1平方厘米和1平方分米的正方形,让学生将两个正方形和自己身上的相关部位及身边的东西进行比较,学生兴致勃勃,纷纷寻找纽扣、铅笔头擦、自己的指尖等比较并体验它们的实际大小,学生通过实际的操作,感知了1平方厘米跟自己拇指的指甲面和小字本格子差不多大,1平方分米和自己的手掌面、学具卡片差不多大。同时,我又借助三把米尺和墙面搭了一个平面面积为1平方米的正方体,让学生感知1平方米的大小,再让学生对照观察。通过这一系列实物直观教学之后,学生在练习时就很容易找到参照物,理解起来清楚多了。

(案例提供者:中华路小学 于鹭)

【案例3】在"长方体体积"的教学中,有这样一道题:一个边长为20厘米的正方形,在它的四个角上分别剪去一个边长5厘米的小正方形,然后折成一个无盖的长方体,这个长方体的容积是多少立方厘米?由于缺乏空间想象的能力,学生无法在脑海中想象这个长方体的样子,所以在解决问题时就束手无策。要想帮助学生解决这个难点,教师提示学生可以利用一张正方形的手工纸,根据题意将正方形折成长方体。学生通过直观的操作,就能够清楚地看到长方体的长和宽就是从大正方形的边长中减掉两个小正方形的边长,长方体的高就是剪去的小正方形边长,问题也就在直观的演示中迎刃而解了。

(案例提供者:中华路小学 于鹭)

利用实物或模型的直观演示能为学生提供丰富的感性材料,指导学生用多种感官感知事物,形成生动、真实的表象,从而帮助学生认识和理解知识。

(二)运用数形结合直观演示,帮助学生巧妙解决复杂计算问题

有些数的计算比较复杂,如果单靠教师的讲解,学生不易理解,并且记得不牢。在这种情况下,可用各种不同的数形结合图进行讲解,然后再帮助学生亲自动手加深认识。这样,就可以让学生更好地理解抽象的知识,解决复杂的问题。

【案例4】例如,几个分数的分子都是1,分母分别是2,4,8,16,要计算出这几个分数连加的和是多少。实际教学时,学生一般会应用通分的方法,转化成同分母分数再进行计算。在解决问题的过程中我启发学生观察分母的特点:分母分别是1个2、2个2相乘、3个2相乘、4个2相乘……呈现算式后,先给学生一些思考的时间和空间,同时鼓励学生思考其他的方法,当学生思维受阻时,出示直观图(如图2-7所示),先把正方形平均分成2份,取

图2-7

其中的1份;再把剩下的图形平均分成2份,取其中的1份……最后分出的图形与剩下的图形相等,借助直观图,要求涂色部分的大小,只要用单位"1"减去剩下图形的大小即可。先结合各个分数理解直观图中各部分的意义,再启发学生将其转化为 $1-\dfrac{1}{16}$ 进行计算。要引导学生思考为什么喜欢用画直观图的方法,使学生体会到数与形的完美结合,可以帮助我们将复杂的算式转化成简单的算式进行计算。化繁为简的方法可以培养学生初步的几何直观能力,用数形结合的方法解决繁杂的计算问题。

又如,在六年级"比例的应用"的教学中,教材采用了代数方法进行解答。在教学中,我除了采用教材的教学方法外,还用画线段图的方法进行验证,从而帮助学生加深对按比例分配问题的理解。参见图2-8。

图2-8

（案例提供者:中华路小学　于鹭）

（三）借助多媒体直观演示,帮助学生搭建抽象与形象之间的认知桥梁

在现代教育中,利用多媒体辅助教学是必然的发展要求。在教学中,多媒体能发挥强有力的优势,它图文并茂的优势使教学过程显得活泼有趣,能激发学生积极的参与意识;它的图形直观演示功能避免了传统教具演示的一些问题,可以帮助学生用形象的方式理解数学概念或具体内涵。这样,运用多媒体的直观演示,学生会发现原来

面对的许多抽象问题变得具体形象,认知桥梁的搭建是学生理解和掌握知识的有效途径。

1.借助多媒体直观演示,有利于学生把抽象的知识形象化。

小学生还处在抽象知识的初步积累期,理性认知少,教学中借助多媒体所展示的动态图像分步骤或分层次地演示,把高度抽象的数学知识直观地呈现出来,让学生依托直观形象,跨越抽象的障碍,达成对相关知识的理解,从而在理解的基础上继续深化知识的运用。

【案例5】教学"线段、射线、直线"时,教师利用多媒体展示一个点,向一边逐渐延伸到另一点引出线段;打开手电筒发出一束光线,引导学生观察从光源引出的射线;展示无限延伸的铁轨引出直线,学生观察后在屏幕上显示一组图形,让学生从动态延伸中辨认直线和线段,随后将线段向一端似光线射出一样地匀速延伸形成射线,使学生看后悟出射线是怎么形成的。学生从鲜活的实例中真正体会到线段、射线和直线三者之间的关联与区别。当多媒体课件把复杂信息分解为学生容易理解的简单的连续信息时,学生对复杂信息的识别能力也就随之提升了。

(案例提供者:中华路小学　于鹭)

【案例6】在教学"角的度量"时,指导学生量角、画角、比较角的大小等,虽然教师有示范用的大量角器教具,但在实际教学时,后排学生根本看不清楚量角器上的刻度,若教师到每个学生的桌前示范,课堂效率将大大降低。把这一部分教学内容用多媒体课件投影展现,课堂的效率就能得到较大提高,如图2-9所示。当教师利用课件显示量角器的各个部分时,刻度线和刻度数相应地进行闪烁、变色,这种视觉强化手段能帮助学生加深对量角器及内外圈刻度的认识,让学生的注意力迅速集中到演示的重点位置。这样,学生就会牢牢记住每一个步骤和要领,以及怎样观察内外圈刻度量角,而且对量角、画角等操作方法也会理解、掌握、运用到位。

图2-9

运用多媒体课件动态演示量角器,更能突出实际操作过程中细微的变化。学生在主动参与中,借助观察、比较的方法逐步把握知识的实质,从而正确理解知识内涵,熟练掌握知识。这样不仅让学生受到数学美的熏陶,还使他们的能力得到了相应的提高。

(案例提供者:中华路小学　于鹭)

2.借助多媒体直观演示,促进学生思维灵活性与创造性的发展。

应用多媒体技术开展数学教学,能灵活根据教材的内容和课堂教学的需要变静为动,或变动为静,将知识概念恰到好处地直观展现,不仅可以激发学生探究新知识的兴趣,而且能促使学生在课堂上学得主动,从而加深对知识的理解,培养学生思维的灵活性、多样性和创造性。

【案例7】在七巧板的拼组活动课上,教师先用多媒体演示如下。

用七巧板中的3个小图形,拼成一个大平行四边形,如图2-10所示。

图 2-10

用七巧板中的7个小图形,照下面的样子拼成一个大平行四边形,如图2-11所示。

图 2-11

在一片惊叹声后,受到启发的孩子们纷纷动手,积极尝试把几个小图形拼成大正方形,整个操作活动处处闪现出孩子们思维智慧的火花。以下是孩子们自己完成的作品,如图2-12所示。

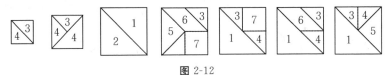

图 2-12

(案例提供者:中华路小学　于鹭)

三、提炼反思

在小学数学教学中,直观演示在课堂上是帮助学生理解概念和掌握法则的重要教学手段,但是学生依靠课堂学习获取的新知识总是有限的,在课外,生活中的继续学习同样重要。因此,当代教师的任务不再只是知识层面的"传道、授业、解惑",培养学生良好的思维与观察方法也是教师的重要任务;"教"不仅仅是告诉,"学"也不是呆板地照搬。在教学中教师要充分利用儿童对新奇事物的本能的兴趣,以及爱动手操作、求知欲强等特点,通过各种方式着意引导,启发学生积极观察、主动思考、勤于探索,不断提高学生的数学思维能力。

第三节 动手操作

一、内涵解读

我国现代著名的民主主义教育家黄炎培毕生大力倡导职业教育,主张手脑并用,反对劳心、劳力分离。实践也告诉我们,既动脑,又动手,才能产生智慧,创造文明。对于学生来说,其知识的掌握、能力的提高也都离不开实践操作。就数学学科而言,学生在动手操作过程中会大量运用数形结合思想,从而实现形象思维与抽象思维的有机统一。

数学是一门抽象性和逻辑性很强的学科,很多学生学起来比较吃力,久而久之,甚至有些学生会感到枯燥,对数学学习产生畏难情绪和排斥心理。动手操作能最大限度地调动学生手、脑、眼、耳、口并用,有利于改变学生被动学习的状况,培养学生的数学学习兴趣,促进大脑感知能力的提高。同时,动手操作是学生的数学思维从感性认识上升到理性认识的阶梯,可以为学生数学素养的发展奠定坚实的基础。因而,在教学中,我们必须重视学生的动手操作,使学生在学习过程中获得直接的、真切的体验和感悟,培养实践、探究和创新能力。

那么,如何有效地利用学具让学生动手实践呢?在平时的教学中,教师就要有意识地进行发挥学生的学习主体性,让学生大胆地亲自动手操作,从而学会学习,学会思考,学会探索。

二、策略运用

(一)动手操作,激发学生的学习兴趣

教师是学习活动的组织和引导者,课堂上要充分挖掘每个学生的学习潜能,引导学生自己设定学习目标,选择适合自己的学习方法进行学习、探索,从而真正成为数学学习的主人。但小学生尤其是低年级儿童,他们的抽象概括水平能力很低,学习主要还停留在直观形象水平。他们所能概括的特征或属性,常常是事物的直观的、形象的、外部的特征或属性,他们更多注意的是事物的直观形象。从这一特性出发,充分地让学生看一看、摸一摸、数一数、掂一掂、量一量、摆一摆、试一试,对实际事物进行直观感知,产生学习、探究的兴趣,使学生通过经历、体会、感受等过程,理解和掌握数学的基础知识和基础技能。在教学中教师应为学生精心创设动手操作的问题情境,给他们提

供人人参与、人人发展、人人获得的机会,让他们自己动脑并动手操作。学生通过动手操作不仅可以丰富和扩展数学教学直观手段的内涵和外延,而且还有助于调动多种感官和心理因素的优势并形成合力,从而有效地解决数学知识的抽象性与儿童思维形象性的矛盾,使两者有机整合。同时,动手操作也能使学生在实践活动中提高数学思维能力与语言表达能力。

【案例1】在教学一年级上册"比多少"中,教师可出示主题图(如图2-13),让学生观察后把观察到的讲出来:大雨把小兔的房子冲垮了,小猪来帮忙盖房子,小兔搬砖头,小猪扛木头,终于把房子盖好了,连水中的鱼儿都为他们感到高兴,然后讨论探究。

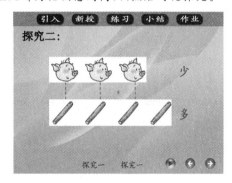

图 2-13

师:图中有几只小兔? 学生就用学具摆出 4 只。

师:每只小兔搬几块砖?

随着学生的回答,教师把 4 块砖与小兔一一对应贴好并用虚线连起来,学生也跟着教师一起用这种方法使小兔只数与砖头块数一一对应。此时,教师就给出定义:一只小兔搬一块砖,正好都对上,没有多余的,小兔的只数和砖的块数同样多。并板书:同样多。

师:看看图中还有谁和谁同样多。

学生就在图中找到并回答。学生在动手操作中理解"同样多"的意义。让学生用学具摆一摆,回答以下问题:一只小猪吃一个苹果够不够? 一只小兔吃一个胡萝卜够不够? 小猪和木材是不是同样多?

(案例提供者:中华路小学　郭晓霞)

在上述案例中教师让孩子们通过直观的摆一摆和一一对应一目了然地明白谁和谁是同样多、谁比谁多、谁比谁少,并学会正确表述比较关系,学生兴趣得到激发,积极性很高,学习效果也有了保证。在实际教学中,也要注意学具运用的方法,也就是让学生明白我们利用学具做什么,并且要知道如何去完成操作。教师首先要有目的明确的指导语,使学生知道这节课要"做什么"和"怎样去做";其次是根据教学的需要配以教具的演示和必要的启发、讲解,展现学具操作的步骤及其内在逻辑性。在学具操作的过程中,教师必须要深入到学生中去,以便能及时发现问题,并对学生加以指导。

小学生的年龄特点决定他们的注意力难以持久。在低年级数学教学中,常有不少学生在进行学具操作时被学具的形状和色彩等特点所吸引,不能在操作过程中始终保持注意力的高度集中。尤其是当一节课的观察重点是操作的过程而非操作的结果时,学生更容易对稍纵即逝的过程缺乏足够的注意。因此,在学具操作的过程中和结束后,教师都要指导学生仔细进行观察,更要引导学生将仔细观察与学具操作结合起来。这样,学生在脱离学具后,也能在头脑中留下清晰、准确的印象,从而达到促进学生分析与综合能力、抽象概括与创新思维能力不断提高的目的。

【案例 2】在一年级"8 加 3"的进位加法的教学中,教学程序可分三步。第一步操作:先拿出 8 个球放在盒子里,再拿出 3 个球放在盒子外面,问:现在把 8 个球和 3 个球合起来,怎样计算呢? 第二步问:盒子里面已有 8 个,再添上几个就刚好成一盒 10 个?(再添 2 个)操作:把盒子外面的 3 个分成 2 个和 1 个。第三步操作:拿起盒子外面 2 个放在盒内(学生说:8+2=10),老师再用手势表示盒内 10 个与盒外 1 个合并(学生说10+1=11)。

(案例提供者:中华路小学　郭晓霞)

这样教学,可体现简单的直观综合能力的培养,边叙述、边操作、边思考,用操作促进思维,用思维指挥操作,二者结合,理解起来就更加容易,所以操作活动要精心设计操作程序,做到有条理。

(二)动手操作,引导学生猜想质疑并找出规律

在数学课堂上,动手操作不仅可以增强数学学习的趣味性,激发学生的好奇心和求知欲,还能促使学生通过观察、猜想、实验等活动开展主动的探究,提升数学思维水平。教师应在学生的动手操作活动中引导学生提出猜想,大胆质疑,小心求证,进行有条理的思考,进而找出其中的规律。引发猜想是为了指引学生明确探究的方向,学生在好奇心的驱使下会积极地根据问题进行自己的猜想、假设,从而想办法证明自己的猜想是否正确。在学生猜想时,教师的指导不是要对儿童的猜想进行评判,而是要关注他们假设背后的根源,例如,教师可以追问:你是怎么想的? 你为什么这样想?

此外,教师应为学生提供机会通过相互交流、评判来完善自己的假设,将下一步的实践探索引入一个正确的方向。学生的猜想设定可能会因自己的主观因素导致一些错误,有时这种错误非常顽固,他们宁可相信自己就是对的,却对同伴的说法表示怀疑。这个时候,要让学生在亲自操作、交流、质疑和证明的过程中用实例来发现自己的认知错误,并予以纠正。这样可以使学生积累想象、猜测、推理的思考经验,并学会质疑、找出规律。

【案例 3】在"平行四边形面积"的教学中,教师把出示的这个平行四边形的底、高和斜边的长分别标上数据,问:猜一猜,你觉得平行四边形的面积应该怎样计算?

生1:底乘高。

生2:底乘斜边。

师:你们有证据证明自己的猜测是对的吗?

学生小组讨论,动手操作,推导公式。

生1:我是这么想的,从这个顶点向对边作高,然后沿高剪开,就得到了一个三角形和一个梯形,把三角形平移到右边,就拼成了一个长方形。

生2:我是从下面的顶点向对边作高,然后沿高剪开,就得到一个三角形和一个梯形,把三角形平移到左边,就组成了长方形。

生3:我是把平行四边形竖着放,从这个顶点向对边作高,然后沿高剪开,就得到一个三角形和一个梯形,把三角形平移到左边,就组成了长方形。

师:刚才这些同学都是从平行四边形的顶点向对边作高,然后沿高剪开,再通过平移就得到了长方形。还有和他们不同的方法吗?

生4:我是从平行四边形的这条边上任选一点向对边作高,然后沿高剪开,就得到了两个梯形,再把这个梯形平移到右边,就拼成了长方形。

师:不管是哪种方法,我们都能把平行四边形转化为长方形。请看,长方形和原来的平行四边形之间有什么关系呢?想一想,它们什么变了?什么没变呢?

生:形状变了,由平行四边形转化为长方形,面积没变。长方形的长和平行四边形的底相等,长方形的宽和平行四边形的高相等。

师:你们都找到这个关系了吗?根据长方形面积=长×宽,你能不能推导出平行四边形面积的计算公式?

生:平行四边形面积=底×高。

教师要让学生明白操作失败同样会带来重要的收获,要关注学生在操作过程中的体验。

(案例提供者:中华路小学 郭晓霞)

在上述的动手操作活动中,教师通过引发学生猜想,让学生边操作,边思考,边验证,进而发现、总结出规律。这样的教学,对于学生的数学思维发展是大有裨益的。

(三)动手操作,培养学生的创新意识和创新能力

小学数学教学的一项基本任务就是让学生通过实践操作活动开展探究性学习,培养创新意识和创造能力。学生在动手操作中可以实现动脑与动手的结合,调动多种感官,拓展思维路径。教师在这个过程中,若能引导学生自主发现并提出问题,进行独立而积极的思考,归纳概括出规律,将有助于培养学生的创新思维,进而增强他们的创新意识和能力。小学生的具体形象思维占优势,抽象思维还处于低水平。因此,他们需要可感知的实物来支持思维的进行。教师在教学中可以让学生多动手操作来启发他们的思维,着力培养他们的创新意识与创新能力,进而使他们不断获得成功的体验。

【案例4】在教学一年级下册"两位数减一位数（退位）减法"的计算方法时，可让学生用小棒摆一摆，先独立思考，后小组交流，给孩子营造出良好的学习氛围，让他们碰撞出思维的火花。

师：$36-8=$ ？

学生独立思考，借助小棒动手操作，小组交流后汇报算法。

生1：摆小棒（边摆边演示），先摆3捆（每一捆10根小棒）和6根，再拿一捆拆开，和这单独的6根放在一起，从16根里拿走8根，就剩下28根。所以$36-8=28$。

生2：36里有3个十和6个一，就把8分成6和2，先算$36-6=30$，再算$30-2=28$，所以$36-8=28$。

在开展动手操作的教学活动时，教师要留足够的时间和空间来促进学生之间的合作与分享，在此过程中教师应教育学生学会倾听，尊重别人的意见，当学生自己受到他人发言的启发时懂得加以说明。但当学生讨论出现值得关注的想法或思路偏离时，教师要以平等的身份参与进来，将这些想法和问题列出来，引起大家的关注，将讨论引向深入。当学生的语言不明确时，教师要对其语言表达方式进行有针对性的指导。要让学生能详细地描述学具操作的过程和产生的结论，充分表达自己的想法和认识，让每个学生的能力都得到提高。例如，教师在教学"梯形的面积"时提出：梯形可以转化成我们学过的什么图形呢？对于程度稍差点的学生可以悄悄提醒他，怎样想办法把梯形转化成平行四边形。针对不同学生采用不同方法使其共同提高。为了促进学生的动手操作能力和创新思维，必须要让他们能详细地描述学具操作的过程和产生的结论，并充分表达自己的想法和认识。同时，教师要想及时了解学生的思维活动情况，也需要让学生用语言表达。我们可以在课堂教学中把指名发言和小组交流等不同方式结合起来，使每个学生都有语言表达的机会。也许刚开始学生的叙述不是很完整，但通过学生的动手和口述相结合，学生的语言组织能力和思维能力将会得到很大提高。

三、提炼反思

陶行知先生说过："好的先生不是教书，不是教学生，乃是教学生学。"因此，在教学中，我们应该积极为学生创造条件，引导学生开展具有挑战性、探索性的操作活动，让学生亲身经历知识的形成过程；把该掌握的内容分解成许多小点，根据需要将集体操作活动、分组操作活动和个别操作活动有机结合，合理互补，贯穿运用于各个教学环节，引导学生选择适合自己的内容或材料，慢慢地把这些小点串成一条条知识的脉络，从一个较低的层次，发展到相对高一些的层次，充分发挥学生各自的优势和整体功能。长此以往，学生的动手操作能力将能够得到明显提高，而且学生也能逐渐养成自主合作探索的良好学习习惯。知识也就由点成线、由线成面地铺展开来。

长期的教学实践证明，小学生数学学习与具体的实践活动是密不可分的。学生的动手操作活动,是培养学生创新精神和实践能力的有效途径之一。因此,在数学的课堂教学中,教师要让学生充分利用学具操作来提高自己的认知能力,使学生的多种感官都能参与学习活动,从而提高学生的学习兴趣,培养学生的学习能力、实践能力和创新精神。

第四节　课外实践

一、内涵解读

《课标(2011 年版)》将实践活动作为学生数学学习的一个重要组成部分。教学时,教师结合学生的实际经验和已有知识,设计富有趣味和意义的活动,使他们在实践操作的基础上获得正确的感性认识,体验数学概念的形成过程,建立起丰富的表象。但由于教学时间有限,很多教师设计的实践操作在课堂的 40 分钟内是无法完全达到预定的教学目标的,所以可以通过课外实践来弥补。课外实践,是指课外时间里学生在教师指导下所进行的非必修内容的学习,是课堂教学的补充和延续。学生在课外实践中感受数学与生活的联系,对于扩大学生的视野、培养兴趣和爱好、发展数学思维与应用技能有着积极的作用。在课外实践中促进学生数学表象的生成和丰富,是提高学生形象思维能力、提升学生解决数学问题能力和水平的有效途径。

二、策略运用

(一)利用课外实践,感知数学现实原型

思维发展心理学认为,人的思维活动是在人脑中对感知过的事物表象进行广泛深入的、形象的加工和概括。表象这种不受具体事物局限的、概括的反映机能,是实现从感知到思维过渡的桥梁。现实原型在思维过程中的再现,既是表象,也是桥梁。学生只有通过表象和桥梁作用,在各种思维方法的参与下完成一个动态的思维过程,才能实现数学模型的构建。现实原型的再现,离不开现实生活。数学教学必须注意从学生熟悉的生活情境和感兴趣的事物出发,为他们提供观察和操作的机会,去感知具体的事物,为丰富数量及数量关系的现实原型表象打好基础。

1.感知数量概念的现实原型。

众所周知,一切数学概念、公式、规律等均可视为数学模型。在教学过程中,首先要重视的是数量概念数学模型的构建。在一些解决问题的题型中,绝大部分数量原型

是儿童司空见惯的,有些数量表示的物体即使不常见,也都以图形方式展现过。但对有些数量的认识,不通过具体感知是不容易形成概念的。因而,教师要鼓励学生在课外多通过实践活动去感知一些数量概念的现实原型,从而促进他们对数量概念的理解和记忆。

【案例1】对"长方形周长和面积"的认识,很多学生对它们的计算公式非常熟悉,但往往在运用时却容易发生混淆。有的学生在解决实际问题过程中,就出现了张冠李戴的现象,"求面积的问题"理解为"求周长","求周长的问题"理解为"求面积"。这是因为在"周长"和"面积"的认识教学中,教师满足于多媒体的演示,认为学生看一看就能掌握这一概念,顶多通过大量的练习题,根据它们的意义、计算公式及单位名称来帮助学生区别周长与面积的不同。其实,这是远远不够的,必须让学生亲自动手操作,感受"周长""面积",才能在头脑中留下深刻的印象。教师可设计让学生亲手为自己的一张相片做相框的课外实践活动。"做相框""配透明纸"等实践活动,有助于促进学生独立思考,在对比、辨析中理解周长和面积的不同,从而建立概念。完成相框的制作后,让学生说说制作过程中哪些和周长相关,哪些和面积相关,制作中需要测量什么;再指指周长,摸摸平面,亲身体会面积与周长的不同,在头脑中留下深刻的印象。

(案例提供者:中华路小学　袁丽)

【案例2】对"千米""公顷"和"平方千米"这些概念,学生比较模糊,因为他们缺乏在实际生活中的体验。三年级教师在教学"千米的认识"时,为了帮助学生建立"千米"的概念,可以开展一个系列的体验活动。从操场上走 100 米到全年级学生校外步行一千米,分析误差,体会两个车站间的距离,体会车的速度,到估计车速,推测两地距离。孩子们用脚丈量着长度,用心感受的是数学的"温度"。这就加强了学生对 1 千米的直观感受。四年级的教师在教学"公顷和平方千米"时,可以组织全年级的学生上大课,带领学生在操场上充分体验 100 平方米能站多少人,跑道的面积有多大。这样不但丰富了学生的直观经验,为形成 1 公顷的表象打下基础,也为学生解决生活中关于土地面积的实际问题提供了概念支撑。

(案例提供者:中华路小学　向维维)

2.感知数量关系的现实原型。

《课标(2011 年版)》的目标体系中无论是知识技能方面,还是数学思考、问题解决及情感态度等方面都强调要"同日常生活密切联系"。学生进行"常见数量关系"的学习,更需要与日常生活密切联系起来。对于"较大数－较小数＝相差数""每份数×份数＝总数""速度×时间＝路程""工作效率×工作时间＝工作总量""单价×数量＝总价"等这些常见的数量关系,我们不能在学生没有理解的情况下就生硬地告诉学生,让他们死记硬背,而是应该把人为模式化的训练变为无声的渗透,鼓励学生在课外实践中结合具体情境和自身经验归纳概括得出结论。

【案例3】当学生学习了"单价、数量、总价"之间的数量关系后,教师可以让学生在双休日随父母去菜市场买菜或到超市购物,按单价和数量计算价钱,按总价和数量推算单价,或按总价和单价算出数量,每个同学至少完成3个不同的演算,从而让他们在这一实践中更深刻地理解这个数量关系。在高年级学生学习了"小数乘法"后,教师可以结合这个数量关系设计这样的课外实践题:请你调查菜市场鱼、肉、虾以及部分蔬菜的价格,小明妈妈带了50元钱,买一荤一素各1千克,你能根据你调查的菜的价格,帮小明妈妈设计不同的购菜方法吗?根据学生的生活题材来布置作业,运用数据多,信息量大,有利于培养学生的信息梳理能力、数据处理能力和文字概括表达能力。更重要的是,强调用数学知识解决生活中的问题,体现学以致用。在学习了"路程、速度、时间"之间的数量关系后,可以让学生测试跑100米所用的时间,推算出自己跑步的速度;还可以学生之间进行比较,能更深刻地理解路程相同的情况下,速度和时间的关系,为以后学习高年级反比例知识打下基础。

(案例提供者:中华路小学　吴茜)

3.感知空间关系的现实原型。

数学研究现实世界的空间形式,对于孩子来说是相当抽象的。丰富的现实原型是学生空间知识的主要来源,因此,帮助他们理解和发展空间观念必须结合现实生活。由于学生在生活中接触到的都是物体,根据他们的生活经验,教材的安排就是从认识物体、学习立体图形开始的,再学习平面图形,最后再进一步研究立体图形,从而完成"空间与图形"这一领域的内容的学习。学生在学习几何知识时,往往需要从对具体事物的感知出发,获得清晰、深刻的表象,再逐步抽象出几何形体的特征,以形成正确的概念。所以,除了课堂上的教学活动外,教师还应结合学生的认知规律,让学生在课外多通过看一看、摸一摸、量一量、剪一剪、折一折和摆一摆等实践活动,把知识内容与空间图形统一起来,建立起几何概念,促使学生形成空间表象。

【案例4】对于低年级儿童如何初步了解平面图形,教师可以让学生在课外实践中选择身边的长方体或正方体的实物,平放在纸上,再沿着边画下来,学生亲自动手画一画,初步感知面与体之间的关系。培养空间观念需要大量的实践活动,学生要有充分的时间和空间进行观察、测量和动手操作,对周围环境和实物产生直接感知,这些都需要自主探索、亲身实践。如:在学习轴对称图形时,可以开展"剪一剪"活动,每个学生准备一张或几张印有一半图形的轮廓图,先让其他学生想象一下,这是什么,然后让学生设法把这个物体的整个图形剪下来,验证猜想。教材中"平移与旋转"以后的"剪一剪"活动,取材于中国民间传统的手工艺"剪纸",在课堂上教学了两个比较简单的剪纸活动后,课外实践中让学生根据所学知识设计图案进行展示,给学生提供创作空间,培养学生初步的形象思维能力和逻辑推理能力。

(案例提供者:中华路小学　王晓琰)

(二)利用课外实践,拓展知识领域

数学教学不能停留在学生掌握课本知识上面,要把学生引向课外,拓展知识来源,给课堂注入新的活力。数学课外实践活动要以学生的发展为本,要把学生的个人知识、直接经验和现实世界作为活动的重要资源,促进学生"学以致用"观念的形成。学生除了从课本中获取信息外,还要增加大量的课外阅读。利用课外实践的机会,鼓励学生超越课本,有计划、有目的地广泛阅读课外有关数学知识的书本。

1.帮助学生理解数学文化。

张奠宙教授曾强调:"数学教学的目的就是要使学生获得必要的数学素质:广博的数学通识、准确的科学语言、良好的计算能力、周密的思维习惯、敏锐的数学意识,以及解决问题的数学技术。"从理论和实践上来看,也只有从数学文化的角度理解数学,把包含数学知识、数学精神、数学观念与数学意识、数学思想方法、数学美及数学史料的数学文化教育付诸实践,才能达到目的。在数学文化的教育中,知识与方法的传授是伴随着数学精神的熏陶同时进行的。数学文化教育摒弃把数学当作单纯的科学工具的数学教育观,把育人放在首位,把弘扬科学精神,促进学生养成良好的科学思维习惯、培养正确的科学态度和建立科学的世界观放在首位。众所周知,学生在学校所学到的数学知识,进入了社会之后,如果没有什么机会应用,那么这种作为知识的数学,通常在出校门后不到一两年就会忘掉。然而,他们不管从事什么工作,那种铭刻在大脑中的数学精神和数学思想方法,会长期在他们的工作和生活中发挥重要作用。在课外实践中,可让学生搜集一些数学家的故事、数学趣闻与数学史料等数学文化方面的内容并加以学习,使学生知道数学知识的产生与发展源于人类生活的需要,数学在人类发展历史中有着巨大的作用。这样既能激发学生学习数学的兴趣,更能让学生体会学习数学的目的。

2.引导学生欣赏数学美。

法国数学家阿达玛说:"数学家的美感犹如一个筛子,没有它的人永远成不了数学家。"可见,数学美感和审美能力是进行一切数学研究和创造的基础。实用的、科学的、美学的和哲学的因素共同促进了数学的形成。例如,人类建筑的历史长廊中隐藏着许多数学的奥秘,教师可让学生在课外实践中去了解、感知和欣赏建筑中的数学美。罗素说:"数学,如果正确地看它,不但拥有真理,而且具有至高的美,是一种冷而严格的美,这种美不是投合我们天性微弱的方面;它可以纯净到崇高的地步,能够达到严格仍只有最伟大的艺术才能显示的那种完美的境地。"当抽象的数学与现实的建筑融为一体,它们就成了不可分割的完美组合,互相渗透,交相辉映。

【案例5】我国现存的排列最整齐的大型塔群宁夏一百零八塔,排列成12行,从上往下,各行塔数依次为1,3,3,5,5,7,9,11,13,15,17,19,里面蕴含了数列知识;东方明珠广播电视塔身高468米,上球体所选的位置在塔身总高度5∶8的地方,即从上球体

到塔顶的距离大约是 5∶8,这一符合黄金分割之比的安排,使塔体挺拔秀美,具有审美效果;希腊雅典的帕提农神庙的构造运用的是黄金矩形、视错觉、精密测量和将标准尺寸的柱子切割成呈精确规格的比例等知识;埃皮扎夫罗斯古剧场的布局和位置的几何精确性是经过专门计算的,以提高音响效果,并使观众的视域达到最大;麦加皮克楚的图案的整齐和均匀没有几何计算是不可能达到的。

(案例提供者:中华路小学 吴茜)

(三)利用课外实践,培养学生的探究能力

诺贝尔物理学奖得主朱棣文曾说:"中国学生学习很刻苦,书本知识成绩很好,但动手能力差,探究创新精神不足。"他认为:"探究创新精神最重要。"并尖锐地指出了中国学生与美国学生的差距。应该说,这是十分中肯的、切中实质的评价。我们在教学中常有一种倾向,在学生有机会自己描述概念并认识到自己的陈述缺少精确性以前,教师却过早地将精确地阐述结论的要求强加给了学生。学习数学的最终目的,是数学的运用与创新。不论是数学的运用,还是数学创新,都离不开探究。没有探究,任何学科(包括数学),都会失去灵魂。

【案例6】商场开展的"买300送300,按1∶1接代金券"促销活动中,消费者到底得到了多少折扣? 对于此问题,学生分小组调查后,有了以下的研究报告。

生1:如果我们买300元的东西,那么我们就获得300元的代金券,还要花600元才能使用300元的代金券,因此我们花了"300+600-300(代金券)=600(元)"买到了900元的商品,这时消费者获得的折扣约是6.7折。

生2:商场中你所买的商品往往不会正好是300元的倍数,假设你买的商品只要599元,那么你只能获得300元的代金券,还要再花600元才能使用这300元的代金券,这样我们就花599+600-300=899(元)买到1199的商品,这时消费者获得的折扣约是7.5折。还有情况更糟的,代金券的面额是100元的,也许要花799元才能用300元的代金券,折扣就更低了。

更精彩的是学生们最后的总结,他们说:由此可见,越贴近活动规则,得到的折扣就越多,越实惠;这其实是商家的一种手段,看似诱人,却是商家的诱饵,不动脑筋就会上当;买的没有卖的精,这个活动就是不断让你花更多的钱……

……

(案例提供者:中华路小学 刘斌)

充足的课外实践活动时间为有兴趣、有特长和有能力的学生提供了探究的空间。在课外实践活动的布置中,应引导学生从已有的知识中运用分析思维、创造思维的方法进行探究,得出结论,感受数学的应用价值。例如,结合教材进度,制作手工模型,布置制作模型类的作业(如制作圆柱、设计图案等),对学生的实践意识和操作能力的培养有积极的推动作用;撰写数学日记、自办数学小报是拓宽数学视野、营造数学氛围的

好方法。这些丰富多彩、灵活多样的方式将促使学生对知识的理解得到升华,同时也让知识的运用得到延伸。

三、提炼反思

课外实践活动范围广,内容丰富多彩,方式灵活多样,过程生动活泼,学生兴趣浓、积极性高,自主性得以发展,是学生学习的必要环节,是知识理解的延伸与升华,是创造发明的源泉。实践活动的培养目标之一就是要培养学生"三种意识"和"四种能力"。"三种意识"主要是指培养学生的参与意识、实践意识和竞争意识。"四种能力"主要指学生的观察能力、思考能力、操作能力和发明创造能力。

"行是知之始,知是行之成!"我们作为一线教师要设计生动活泼、充满智慧与情趣的课外实践活动,让学生在实践中积极探究,获取信息,展示个性,达到有效教学的目的。要给学生一片发展的天空,引领学生走进生活,体验生活,感受到生活中处处有数学,数学点滴含有生活的真谛。

参考文献

[1] 李晓亮. 美在其中:小学美育文集[M]. 北京:北京出版社,2013.

[2] 林妙贤. 在课外实践中感悟数学[J]. 师道·教研,2013(9).

[3] 刘耀. 新课程下对小学数学课外实践作业的探索[J]. 辽宁教育,2005(5).

[4] 王永春. 小学数学与数学思想方法[M]. 上海:华东师范大学出版社,2014.

[5] 吴正宪. 小学数学课堂教学策略[M]. 北京:北京师范大学出版社,2010.

[6] 萧昌建. 人文数学导引[M]. 成都:西南交通大学出版社,2006.

[7] 张奠宙. 数学的明天[M]. 南宁:广西教育出版社,1999.

[8] 中华人民共和国教育部. 义务教育数学课程标准(2011年版)[M]. 北京:北京师范大学出版社,2012.

[9] 朱黎生. 指向理解的小学"数与运算"内容的教材编写策略研究[D]. 重庆:西南大学,2013.

第三章 引导发现策略

第一节 课前探究

一、内涵解读

课前探究指在课堂教学之前,学生在教师的指导下,带着问题进行提前的思考,或者为新知识的探索进行学具准备、经验积累、信息收集、社会实践等课前的准备活动,为课堂学习活动提供保障和帮助。

《课标(2011年版)》倡导建立生本课堂,以学生为本,以学定教,关注学生个体发展和终身发展。这也就是说,让学生成为课堂真正的主人,老师仅仅是学生自主发展的指导者和引领者。课堂的空间与时间有限,课堂要焕发更多的生命活力,我们有必要把探索的时间和空间延伸到课外去,把课前探究的"源头活水"引进课堂。这样,学生就会因为课前制作了学具,操作起来更得心应手;因为有之前的调查感受,分析数据更能结合实际;因为有提前思考,带着疑问进入课堂,思考问题更有针对性。如此,课堂教学才能在有限的时间内上出精彩,让每个学生感受到学习数学的快乐,从而更好地发展学生的数学思维品质。

二、策略运用

(一)课前做好思维前测,了解学生思维状态

课前对学生进行思维前测重在了解学生的思维状态,找准学生思维的受阻点和最近发展区,从而更有效地设计探究活动,设计更有启发性的数学问题,设计更有针对性的课后练习。做好了这些才能使我们的课堂更加灵动、高效,这样的课堂才能给学生提供最大化的思维时间、空间,使学生的思维品质得到全面的培养和提升。

【案例1】在教学"异分母分数加减法"前,教师对学生进行了这样的前测:(1)$\frac{1}{5}$+$\frac{3}{5}$你是怎样计算出结果的?(2)$\frac{1}{2}$+$\frac{1}{3}$你会计算吗?你是怎样想的?

前测结果是:第1小题全班都计算对了,只是有几个学生对算理还表达得不够清楚;第2小题大部分学生出人意料地会通分变成同分母分数进行计算,但讲清其中道理的学生只有一小部分。

根据前测的情况进行如下的分析:大部分学生对同分母分数的加减法的算理和算法都掌握较好,都能比较准确地这样表述:1个$\frac{1}{5}$加3个$\frac{1}{5}$就是4个$\frac{1}{5}$,也就是$\frac{4}{5}$,这是探究异分母分数加减法的基础。对于第2小题,学生通过预习对算法有一定的了解。但知其然更要知其所以然,教学的重点要落脚在算理的探究和理解上,才能让学生对所学知识融会贯通,提高思维的灵活性。

有了前面的思考,为了使学生动手画图更加简便,教师将人教版教材的例题做了处理。开课伊始,教师创设菜地情境,通过看图找信息提问题,培养学生发现问题、提出问题的能力。接着对同分母分数加减法的算法和算理进行复习,特别追问:"同分母分数相加减为什么是分母不变,只是分子相加减?"从而引导学生认识到"分母相同,分数单位就相同,只有分数单位相同的时候,我们才能把它的个数相加减"。适时的追问促使学生进一步思考,抓住计算的本质促进学生思维的深刻性。

接下来教师先做如下引导:"研究从最简单的问题入手,$\frac{1}{4}$+$\frac{1}{2}$,能不能直接相加等于$\frac{2}{6}$?怎么算呢?能用学过的知识来解决吗?还可以画图来帮助说明你的想法,试一试。"一连串的问题引发学生的认知冲突,激发学生探究的欲望,并提示学生运用图形直观帮助自己理解算理。在学生尝试计算后,全班进行了交流。

算法一:画图。

师:说说你是怎样想的?

生1:我画图时将单位"1"平均分成2份,1份就是$\frac{1}{2}$,再将单位"1"平均分成4份,1份就是$\frac{1}{4}$。我发现$\frac{1}{2}$就是2个$\frac{1}{4}$,所以$\frac{1}{2}$+$\frac{1}{4}$就等于$\frac{2}{4}$+$\frac{1}{4}$=$\frac{3}{4}$。

师:为什么要把$\frac{1}{2}$变成$\frac{2}{4}$来计算呢?

生2:$\frac{1}{2}$刚好是$\frac{1}{4}$的2倍,所以是2个$\frac{1}{4}$,也就是$\frac{2}{4}$。

师追问:$\frac{1}{2}$为什么要转化成分母是4的分数呢?

生：这样就好算了。

师：仅仅是好算吗？变成同分母分数的目的是什么呀？

生3：$\frac{1}{2}$ 变成 $\frac{2}{4}$ 后，分母与 $\frac{1}{4}$ 一样了，就可以直接相加了。

师：数形结合把道理讲得清楚明白。老师刚才还看到同学用了不同的图形来表示，同意吗？（同意。）比较一下，它们有什么相同点？有什么不同点？（图形不同，但都是把 $\frac{1}{2}$ 变成了 $\frac{2}{4}$，分数单位就相同了。）

师：看看课件，回忆并说说是怎样转化的。课件最后闪动的 $\frac{2}{4}$ 和 $\frac{1}{4}$ 的分母4是什么意思？

小结：$\frac{1}{2}$ 转化成2个 $\frac{1}{4}$，再加上1个 $\frac{1}{4}$，就有3个这样的分数单位，也就是 $\frac{3}{4}$。

算法二：直接计算。

师：有同学是这样直接计算的吗？说说你的想法。

生1：将这两个分数通分变成同分母的分数后再相加。$\frac{1}{2}$ 等于 $\frac{2}{4}$，加上 $\frac{1}{4}$，就等于 $\frac{3}{4}$。

师：$\frac{2}{4}$ 是从哪儿来的？为什么要化成 $\frac{2}{4}$ 呢？

生2：从前面的学习中我们知道分数单位相同才能直接相加减，所以要把异分母分数通分变成同分母的分数才能相加减。

生3：变成同分母分数后分母相同了，就能直接相加减了。

师：异分母分数加法计算时注意书写格式。可以用这样的连等形式。（边板书边说：把 $\frac{1}{2}$ 变成分母是4的分数就是 $\frac{2}{4}$，然后 $\frac{2}{4}+\frac{1}{4}$，等于 $\frac{3}{4}$。）

算法三：化成小数算。

生1：我把 $\frac{1}{4}$ 化作小数0.25，把 $\frac{1}{2}$ 化作0.5，0.25+0.5等于0.75，也就是 $\frac{3}{4}$。

师：大家对这位同学的算法有什么意见？

生2：这道题这样计算还可以，如果有的分数不能化作有限小数就不能这样计算了。

师：能举例说明吗？（生举例。）

师：这位同学利用了分数和小数的互化完成了这道题的计算，你想到了大家都想不到的方法，有创意。只是这种算法有一定的局限性，我们要灵活运用。

师小结(出示幻灯片):看看这些方法,哪些是你原来想到的? 哪些是你没想到的? 现在明白了吗? 你有什么想说的?

师总结:不论是通过画图还是分析推理,其实大家都展现了一种思维能力——转化,将今天学习的异分母分数加法转化成同分母分数的加法,把新问题转化成学过的旧知识来解决。你们真是会举一反三、会学习的好孩子。

(案例提供者:中华路小学　陈果)

教师应放手让学生独立思考、尝试计算,给学生留足探究的时间和空间。在前测的基础上引导学生利用数形结合,直观地理解"分数单位一样,就能将分数单位的个数相加减"这一算理。在充分体现算法的多样化与优化思想的同时渗透转化的数学思想,启发学生思考并总结:不论是将异分母分数变成同分母分数还是小数,都是将新知识转化成旧知识来解决,从而提高学生思维的灵活性。根据前测来了解学生的认知起点并进行充分的预设,有效的探究活动和追问大大提高了课堂教学质量,促进了学生思维的发展。

(二)课前探究丰富学生的表象,帮助学生积累数学活动经验

课前探究不受时间的限制,选材也可以更加丰富,所以可开展一些数学活动,丰富学生的感知和表象,让学生在玩中做、做中学,增强体验并积累一些活动经验,为进一步探究新知做好准备。此外,教师要鼓励学生呈现原生态的课前探究情况,在学生课前探究的基础上引导学生进行观察、比较、拓展、反思。教学素材来源于学生,同时,通过学习进一启发学生思考并探究新知,学生的思维会更加有条理、更加深刻。

【案例2】在教学"1000以内数的认识"前,教师设计了课前数学活动:利用周末时间,大家自由选择一种物体,数1000个并在周一带到学校展示交流,看谁数得最准、呈现方式最好。孩子们都很有兴趣,回家后都进行了尝试。周一带到课堂上的物品五花八门,教师先让大家在小组内展示交流自己的作品和想法,并借此机会对各位同学的作品进行巡视,选取几个典型作品在全班展示交流,引导学生进行观察和评价。

生1:我从1数到1000,这一大捆小棒就是1000根。

生2:我是一百一百地数的,100颗糖装一袋,这里有10袋糖。10个100就是1000。

师:你能带着大家一起一百一百地数一数吗?

生2:100,200,300,400,500,600,700,800,900,1000。

生3:我数了1000张贴画贴在纸上。每组贴100张,一排10张,10排就是10个10,也就是100。这里贴了10组,10个100就是1000。

师:那你能很快拿出230张贴纸吗? (能。)你是怎么想的?

生3:230有2个100、3个10,我就拿出2组和3排,就是230。

师:谁来试着拿出598张贴画?

生4:598有5个100就是5组,再拿9个10就是9排,最后再数出8个就是598。

师:8个什么呢?(8个1)还有其他想法吗?

生5:我先找到600,再倒着数2个就是598了。

师:你的方法真妙,你是怎么想的?

生5:因为600后面就是599,再少一个就是598了。

师:那大家知道600再增加一个是多少吗?(601)在哪里?谁来指一指?(生指出)就请你来带着大家从598开始往后数5个数,边指边数。

师(指着699):那699再增加一个是多少?(700)(指着999)那999再增加一个是多少呢?(1000)

师:比较刚才几位同学的作品,你觉得谁数得最准?谁的呈现方式最好?为什么?

生6:我觉得第3位同学的好。他数的1000很清楚,10个10是100,10个100是1000。

师:对比你自己的作品,你有什么想说的?

(案例提供者:中华路小学　陈果)

数学活动必须建立在学生的认知发展水平和已有的知识经验基础之上。教师应向学生提供充分参与数学活动的机会,学生若没有实践做基础,就谈不上什么经验,经验可以为抽象的数学思维提供生活中的原型。

以上的课前探究活动,让学生在数一数、摆一摆的过程中加深了对1000以内数的认识和感受,完整地体验了这一数数过程,弥补了课堂教学时间有限的缺憾。在学生课前探究的基础上,教师加以引导,深化学生对1000以内数的组成、数序的认识,在对比中建立起"10个10是100,10个100是1000"的结构,促使学生更加全面地思考问题,养成自觉调控、自觉对比、自觉反思、自觉修正的好习惯,使学生的思维更加严谨。可以说,这样的课前探究活动让学生在主动操作、亲身体验中丰富了数学表象,并积累了数学活动经验,也有利于他们数学思维的发展。

(三)课前探究引起学生质疑问难,促进思维的深刻性

我们所学的数学知识与我们的生活有着密切的联系,课前探究中放手让学生去收集生活中的数学现象,课堂教学中再引导学生透过现象看本质,探究其中的道理,用所学、所感去探究这些现象背后的意义。在提升学生学习兴趣的同时,培养学生的实践运用意识、质疑问难的能力,以及凡事多想一个为什么的习惯,促进学生思维深刻性的发展。

【案例3】教学"圆的认识"时,学生课前收集了很多生活中圆的运用的图片和实例。新课开始大家都纷纷进行了展示,有汽车标志、摩天轮、下水道盖子、汽车轮子等。

师:对于今天要认识的新图形——圆,你有什么想了解的?

生1:我想知道圆有什么特征。

生2:怎样计算圆的面积?

生3：为什么这些物品都要设计成圆形呢？

师：看来大家都对圆充满了好奇，接下来就让我们在玩中来认识新的图形——圆。

……

师：现在谁来说说为什么车轮要设计成圆形？

生4：因为这样圆心到圆上任意一点的距离都是相等的，车辆行驶起来才会平稳。

师：想象一下车轮设计成三角形或长方形会是怎样的情况？你还能用今天的新知识解释你收集到的圆的运用的实例吗？把它记录下来作为数学日记吧！

又如在教学"百分数的意义"时，课前学生也收集了很多生活中的百分数，联系生活实际谈了对这些百分数意义的理解。

生1：羊毛占这件衣服的百分之五十，涤纶占这件衣服的百分之五十。

生2：合格的产品占这批产品总数的百分之九十八。

生3：发芽的种子数量占这批种子总数的百分之八十。

师：通过刚才的分析，谁来说说什么是百分数？

生4：百分数就是一种表示两个事物关系的数。

生5：百分数就是表示一个事物是另一个事物的百分之几。

师：那大家能解释清楚自己收集的百分数的意义吗？同桌相互交流交流。

（案例提供者：中华路小学　陈果）

《全日制义务教育数学课程标准（实验稿）》（以下简称《课标（实验稿）》）指出："要从学生已有的生活经验出发，让学生亲身经历将实际问题抽象成数学模型并进行解释与应用的过程，进而使学生获得对数学理解的同时，在思维能力、情感态度与价值观等多方面得到进步和发展。"课前观察的现象引发学生的思考，促使学生去研究发现图形的特征和数的意义，再回到现实生活中去解释这些现象。学生在"发现—构建—运用"的过程中不断思考，思维的灵活性和深刻性得到培养。

（四）课前探究督促学生整理复习，促进思维的条理性

每一个单元的学习或每一个板块的学习告一段落时，应让学生养成自觉整理复习的好习惯，对所学知识梳理、归纳，采用图表的形式呈现。整理复习课不是教师唱主角，一个人满堂讲或满堂练；而是学生自觉整理、复习知识，使所学知识点形成一个知识体系。教师可以引导低年级学生一起学会看目录、看标题，尝试着运用图画的方式梳理整个单元的学习内容，随后，逐渐地放手让学生采用图形、表格的方式将所学知识分类，同时找到相关联的知识点，这样的练习可帮助学生将"厚书"变"薄"，促进学生思维的条理性。

【案例4】在教学了"比、除法、分数"后，教师设计了这样一个表格（见表3-1），引导学生加强对比，在对比的过程中找到它们之间的联系和区别。

表 3-1　比和除法、分数的联系和区别

联系（相当于）					区别
比	比的前项	比号：	比的后项	比值	两数关系
除法	被除数	除号÷	除数	商	一种运算
分数	分子	分数线—	分母	分数值	一种数

比、除法和分数之间的关系用字母表示为：$a：b＝a÷b＝\dfrac{a}{b}(b≠0)$。

又如，在六年级下学期认识了圆柱和圆锥后，学生利用图形和文字对圆锥、圆柱的特征进行对比，如图 3-1、图 3-2。

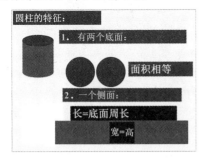

图 3-1　圆柱的特征

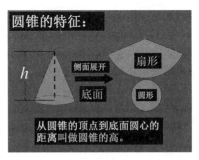

图 3-2　圆锥的特征

（案例提供者：中华路小学　陈果）

三、提炼反思

课前探究为学生提供更加开放的时间和空间，帮助学生充分感受、大胆尝试，为教学中更多精彩生成的出现提供了可能。同时，让学生带着前期探究的经验、带着兴趣、带着困惑进入课堂学习，比盲目地听课在效果上更佳，可以避免不必要的大脑疲倦和思想紊乱，有利于促进学生思维的灵活性、深刻性和条理性，使我们的课堂教学更加聚焦，更具有针对性。从课堂向课前开放，让我们努力创造一种真正适合儿童成长的教育，一种充满生命活力的教育。

第二节　创设情境

一、内涵解读

《课标(2011年版)》在第四部分的教学建议中指出:"数学教学应从学生实际出发,创设有利于学生自主学习的问题情境,引导学生通过实践、思考、探索、交流等,获得数学的基础知识、基本技能、基本思想、基本活动经验,促使学生主动地、富有个性地学习,不断提高发现问题和提出问题的能力、分析问题和解决问题的能力。"吕传汉和汪秉彝认为,数学情境就是从事数学活动的环境和产生数学行为的条件,从它提供的信息,通过联想、想象和反思,我们能够发现数量关系与空间形式的内在联系,进而提出问题、研究问题,并找到解决问题的策略和方法。

数学问题情境应当满足两个条件:一个是与学生的生活经验有关,适合作为数学课程与学生经验之间的接口;另一个是能成为学生应用数学和创新、发现的载体。

一个好的问题情境对于理解新的数学概念、形成新的数学原理、产生新的数学公式或蕴含新的数学思想会有积极的促进作用。它能够充分展示学生原有的生活经验或数学背景,更能激发由情境引起的数学意义的思考,从而让学生有机会经历"问题情境-建立模型-解释或应用"这一重要的数学活动过程。此外,一个好的数学问题情境还应该具有衍生性,也就是通过这个情境能够产生一连串、环环相扣、由浅入深的问题,引发学生的思考和促进思维的发展。

二、策略运用

数学教育家曹才翰说:"数学学习与其说是学习知识,倒不如说是学习数学思维过程。"教师在教学时要根据学生的实际来创设具有启发性、能激发学生求知欲望的问题情境,使学生用自己的思维方式积极思考、主动探索和创新运用。

(一)从学生的已有认知中创设问题情境

心理学表明,影响学生学习的最主要因素是他们已经知道了什么,也就是学生的认知起点。因此,创设好的问题情境应该以学生现有的认知发展水平为出发点,知识的引入必须与学生的认知水平相匹配,这样才能让学生主动建构自己的知识体系,引发学生多角度的思考。在教学新的内容时,教师应为学生提供丰富的感性材料以及能动手操作的活动机会,这样学生才能有条理地思考、交流。

【案例1】教学"圆的周长"时,学生已经积累了一些求长方形、正方形周长的方法和经验,形成了一定的空间观念,可以在比较抽象的水平上进一步认识圆的周长。

师(先出示一个用铁丝围成的圆):怎样量出这个圆的周长?

生1:把铁丝拉直,再量出长度。

师(再出示一个木板圆):怎样量出这个圆的周长?

生2:确定圆的起点,在直尺上转一圈。

生3:用一根绳子把圆围一圈,再量出绳子的长。

师:怎样量出我们学校花坛的周长?

生:用一卷皮尺围花坛一圈。

师(用一个带线的小球在空中转一圈):怎样量出老师手中小球转动轨迹所形成的圆的周长。还能用刚才所讲的一些方法吗？下面我们就一起来研究圆的周长的计算问题。

(案例提供者:中华路小学 文志敏)

在这一环节中,教师通过创设一个又一个问题情境,引导学生经历"疑问-讨论-解疑-疑问……"的过程,学生就可以自然而然地掌握圆的周长的计算方法,思维得到有效拓展,主动探究的欲望也能得到最大限度的激发。

【案例2】教学"求小数的近似数"时,教师引导学生利用求整数的近似数的方法迁移出求小数的近似数的方法后,反过来让学生分别找近似数等于8.00和8.0的三位小数,再找到最大和最小的三位小数,引导学生观察这些小数有什么特点。这时有一个学生发现近似数是8.0比8.00的取值范围更广,此时教师顺势引导可用数轴直观显示,发现8.00的精确度更高。

(案例提供者:中华路小学 文志敏)

(二)从学生的生活经验中创设问题情境

数学与生活总是紧密联系的,课堂上,教师创设贴近学生生活的问题情境,学生在问题情境中,会对相关数学问题倍感亲切,从而打开学生思考的闸门,发掘出创造源泉。

【案例3】在教学"求一个小数的近似数"时,可创设写商品价签的情境,引发学生对价签的思考。

师:超市准备把12袋一箱的牛奶定价为一箱20元,如果零售,一袋牛奶多少钱?

生1:单盒卖应该贵一些,所以写成2元。

生2:如果是"分"的话,找零钱不方便,所以写成1.7元。

生3:没有比"分"更小单位的钱了,6分多就该收7分,所以写成1.67元。

生4:1.66元。

(案例提供者:中华路小学 文志敏)

生4的观点一提出马上受到质疑,大家认为单盒卖不可能还比整箱卖便宜。这一环节为学生思考提供了广阔的空间。学生和教师之间通过这种互动生成方式推进教学活动的进行,这种方式是开放的、动态的,显示出学生的思维亮点。同时,这种与学生生活密切相关的问题能让学生快速识别数学情境的相关信息,并激活数学思维,有利于增强学生的问题意识和提出问题、解决问题的能力。

(三)巧妙设置悬念,创设问题情境

小学生的年龄决定了他们有很强的好奇心和求知欲。新课引入时,教师在充分了解教材后,创设悬念引导学生揭秘问题,让学生处于好奇、探索以及发现的学习过程中,能切实激活学生的思维,有效提高他们的学习兴趣。

【案例4】在教学"3的倍数的特征"时,教师在上课伊始就让学生说数,再判断能不能整除以3。学生开始举的数较小,后来举的数越来越大,教师都能一口说出来,学生很惊讶。有的学生开始猜测有规律,这时可顺势引导学生探索、发现规律。学生的积极性高涨,他们又写出一些能被3整除的数,如42,51,207,369。

生1:只看个位是无法进行判断的。这和判断2与5的倍数特征不同。

生2:我发现各数位上的数字和与3有倍数关系。

师:你们用他的发现去验证一下。

学生通过举例一致同意这个规律。教师不能仅仅停留在发现规律上,可继续追问:"你们知道这是为什么吗?"不仅让孩子知其然,更要知其所以然。

师:能想办法证明吗?(小组合作摆小棒。)

组1:我们组发现10根小棒每3根分一组,就会剩下1根;20根就会剩下2根;以此类推。

组2:剩下的小棒根数正好和十位的数字相同。

组3:十位上的数字就可以看成剩下的小棒,个位上的数字就可以和剩下的小棒数合起来每3根分一组,看能不能被3整除。

(案例提供者:中华路小学 文志敏)

(四)引发认知冲突,创设问题情境

教师还可以通过引发学生的认知冲突创设问题情境。学生的认知发展首先就是思想观念本身的平衡状态因为某些刺激而变得不平衡,又不断通过吸纳、内化变得平衡。所以,教师不妨巧妙利用这样的认知冲突,从而让学生认识知识的本质,激活思维,最后达到认知结构化的目的。

【案例5】在教学"小数的性质"时,预测学生可能受整数的末尾添上0或去掉0归纳出的变化规律的影响,产生知识的负迁移。怎样让学生能辨析两者的区别,是教学的重点和难点。

师:请大家大胆猜测小数的末尾添上0或去掉0会有什么变化,并尝试发现其中的规律。

生1:这个小数会扩大。

生2:这个小数大小不变。

师:他们谁说得对呢?以0.3和0.30为例,你能想办法验证吗?

生1:0.3元是3角钱,0.30元也是3角钱。它们大小相等。

生2:用小方格表示。0.3表示十分之三,0.30表示百分之三十,它们表示的面积相等。

(多种方法验证使学生发现自己的错误,认同最后的结论。)

师:为什么在整数的末尾添上0或去掉0,数的大小就变了,而在小数的末尾添上0或去掉0,数的大小不变呢?

师追问:在小数的中间添上0或去掉0,小数的大小会怎样呢?

(案例提供者:中华路小学　文志敏)

教师通过引发学生的认知冲突创设问题情境,有利于深入揭示知识的本质属性,使学生在对比中加深对知识的理解。这样层层递进不仅可以激发学生积极主动的探究精神,还能向学生渗透"透过现象看本质"的辩证唯物主义观。

三、提炼反思

在课堂上,教师要当好"导演",引诱学生"入境",使学生产生身临其境的感受;吸引学生注意力,使学生产生好奇心,激发学习的兴趣;充分调动学生的各种感官,让他们自觉地参与到问题解决过程中,从而探索知识的产生过程,亲历规律的揭示过程,进一步拓宽学生的视野,提升思维的高度。

教师在以各种形式创设问题情境的过程中应尊重学生已有的知识经验、生活经验、活动经验。只有这样,才能激发学生继续学习的兴趣,才不会让学生厌烦数学,害怕数学,认为数学枯燥乏味。对于创设问题情境,我们还应有更高的诉求:希望它能激活学生的思维,激发学生的创造性,并让学生真正爱上数学。

第三节　观察与辨析

一、内涵解读

数学学习中的观察是人的一种全面思维活动,它由多种感官合作产生结果。我们对数学内容或实验,或猜测,或验证,或推理,都是以观察为基础的。在数学教学中培养学生的观察能力,能对学生注意能力、记忆能力、运算能力、逻辑思维能力、空间想象能力、抽象概括能力、迁移能力、分析与解决问题能力等其他能力的提高起到很大的促进作用。同时,这样还可以发展学生的数学能力,提升其数学素养。

二、策略运用

(一)　激发学生的观察兴趣,培养观察、辨析的好习惯

孩子的主要兴趣之一就是观察生活中的点点滴滴,如果发展了孩子的观察能力,各种思维能力也将得到一个较大的发展。我们如何在生活中有意识地培养、发展孩子的观察能力呢? 不妨从以下两个方面入手。

1.激发观察兴趣,养成观察习惯。

赞可夫说:"应该打开窗户,让沸腾的社会生活、奇异的自然现象,映入学生的脑海,借以丰富学生的感性经验,激发学生的创作情感。"学生在充满兴趣的观察活动中往往伴着积极愉快的情绪,产生热情和力量,从而能克服学习过程中的种种困难。教师就要在课前、课上、课后多给学生观察的机会,利用各种图片和事例刺激学生想观察、要观察,从而对数学学习产生兴趣。

【案例1】教学"两点之间线段最短"。

师:从上海到广州,可以乘火车,路程约 1811 千米;也可以坐轮船,航程 1690 千米;还可以乘坐飞机,行程 1200 千米。为什么坐飞机路程最短?

生1:飞机飞得快。

生2:飞机都是飞的直线。

师:因为陆路或水路交通受地形、水情的限制,路线弯弯曲曲,而飞机在空中飞行,所受条件限制较少,一般情况下是沿直线前进的,所以坐飞机的路程最短。

(案例提供者:中华路小学　曾品志)

2.比较观察结果,养成辨析习惯。

观察结果如果只有一种答案当然是最好的,但有时候观察的结果可能是两种或更多,这时就需要进行思考与辨析,如为什么要这样画而不那样画,比较这两种不同的画法会让我们发现不一样的观察结果。

【案例2】教学人教版数学二年级下册"表内除法(一)"单元中"练习七"的第4题,参见图3-3。

4.

每只吃2个萝卜,一共需要多少个萝卜?

图3-3

师:画上有什么?

生1:兔子,9只兔子。

生2:兔子,3堆兔子。

生3:兔子3堆,每堆3只。

师:都正确,到底谁的观察能更好地解决这个问题呢?

生1:我就觉得是9个,你看,又没有遮挡,一清二楚的。

生2:这9只兔子为什么不像一年级那样画到一堆呢?

生3:就是9只,和3个3的结果一样。但是表示的方法还是有点儿不一样,这里我觉得它是表示3个3。因为图中画的是3堆,每堆3只,3个3更能表现这道题的数学味,而且数9次比数3个3复杂,我就喜欢3个3。

(案例提供者:中华路小学 曾品志)

通过观察、辨析,学生不难发现图中兔子的联系:正是因为要体现3个3,所以出题者才把9只兔子这样安排在画中。学生通过观察发现了内在联系,分析辨别使观察结论更正确,直接提高解决问题能力。

(二)引导学生学会有序观察,促进数学思维的条理性

孩子在学习过程中不外乎就是"看、听、说、做"。而首要就是观察,对学生观察能力的培养将会对后面听、说、做三个方面产生重要的推动作用。让学生学会全面细致地观察,观察的主要方法有以下三种。

1.有条理、按顺序的观察。

顺序观察法是教给学生的一种最基本的观察方法。它通常是指由近及远,从上而下,从左到右,先中间后四周,由表及里或按相反的顺序进行有条理的观察。

【**案例3**】教学"负数"时,教师可先拿出温度计让学生观察。

师:你发现了什么?

生1:一支横放的温度计,0刻度线表示0℃。

生2:以0刻度线为起点,向右一个单位刻度表示＋1℃,向右两个单位刻度表示＋2℃。

生3:向左一个单位刻度表示－1℃,向左两个单位刻度表示－2℃。

接下来,教师一边在黑板上慢慢地画出数轴,一边要求学生观察画图动作,说明数轴的特征,从而得出数轴的概念。学生通过主动观察、比较、分析,得到正数、负数的概念。

（案例提供者:中华路小学 曾品志）

世界上所有事物的发展都具有顺序性,让学生有顺序地观察,能使他们的逻辑思维能力增强,从而有条理地思考,做到思路清晰、言之有序。

2.动静结合、有条不紊的观察。

处于运动、变化中的事物要用到动态观察法,按一定的顺序或方向观察物体的变化;静态观察则是从颜色、形状等不变的方面进行观察。

【**案例4**】教学"时间的认识"。

教师出示正在走动的时钟。

师:认真观察时针和分针的变化情况,你有什么发现?

学生静静地观察几分钟。

生1:我发现分针走得快些,时针走得慢些。

生2:我发现分针走了好几圈了,时针看起来好像还没动。

教师这时加快时针节奏,刺激孩子的观察。

师:分针走多少圈后时针也走了?

生1:好像走了5圈,时针有点儿动。

生2:是60吧,我爸爸告诉我1小时等于60分。

生3:老师,我没数得太清楚,反正分针动了好像时针也在动。

师:分针和时针是各走各的,还是有关联地走动?

生1:各走各的,针都不同。

生2:有关联地走动,我看过钟表里面,小齿轮转动是要带动大齿轮的。分针在走的时候,时针也在走。只不过走得慢,我们没怎么注意到。

教师展示一个钟表内的模型,让学生动静结合、有条不紊地观察时针、分针,引发学生更深层次地思考分针和时针的联动关系,真正突破时间学习的难点。

（案例提供者:中华路小学 曾品志）

对于低段学生来说,动静法的采用既可以吸引其注意力,又能让他们更深层次地思考问题,符合其认知规律,对建立基本数学概念,理解数学法则,发展数学思维很有帮助。

3.体现思维和条理重点的观察。

抓关键、抓重点,截取其中最重要的一部分,进行细致的观察,同样能促进思维有条理地发展。

【案例5】人教版数学二年级下册"表内除法(二)"单元中"练习十二"的第8题,参见图3-4。

师:请观察,这两幅图讲了件什么事?

生:去划船,然后去游乐园玩。

师:我们要观察些什么?

生1:有船。

生2:有坐了人的船。

生3:没坐人的船。

生4:下面有人,但是数不清。

生5:有树,有游乐园。

师:是不是所有的都要观察?中间的箭头表示什么?

生1:中间的箭头表示这些人去划了船再去游乐园,今天的重点观察对象是孩子。

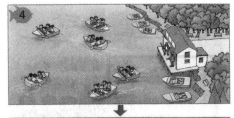

图3-4

生2:有6只船,每只船上有4个孩子。

生3:不要2个工人。

生4:下面的那幅图上的孩子没画完,不用数了。

(案例提供者:中华路小学　曾品志)

从以上这个案例可知,在观察中明确观察重点是很重要的,这些训练对培养孩子抓主要问题,抓中心环节,掌握大局都有好处。

在数学问题中,必定有其主要部分,这个主要部分是重点观察的对象。重点观察可以培养孩子抓主要问题,抓中心环节去观察的能力,对他们更快、更好地解决问题很有帮助。

(三)引导学生学会发散性观察,促进数学思维的广阔性

发散性思维,也叫求异思维,它是指思考中问题的信息朝各种可能的方向扩散,并引出更多的信息,使思考者能从各种设想出发,不拘泥于一个途径,不局限于既定的理解,尽可能做出合乎条件的多种解答。而观察是进行思维的基础和源头,发散性观察有利于培养学生多角度思考、灵活处理问题的能力。如现行数学教材中的位置问题、

视图问题、统计问题以及几何中的数形结合问题等,都要引导学生多角度观察和思考,从而开拓学生的思维。

【案例6】小区绿化带中地砖的铺设问题,参见图3-5。

师:需要多少块水泥砖,我们怎么观察?怎么解答?

生1:我是先横着看了中间的空白地带,长14米,宽2米,面积是28平方米。竖着的空白地带被平分成了2个小长方形,长就是8减2再除以2得3米,宽是2米,2个面积加起来就是12平方米。然后,横竖两块地带的面积加起来得40平方米,一块砖的面积是1平方米,因此答案是40块。

生2:我的方法和他的很像,不过我是竖着观察的,先算竖着的长方形面积,再算横着被平分的2个小长方形的面积,最后加起来也是40平方米。

这时,教师提出质疑:好复杂啊,还有不同的方法吗?有比前两位同学简单的吗?我们除了竖着、横着观察里面的道路,还可以有其他方法算出里面道路的面积吗?我们可不可以换个角度观察?

生3:我看的是大长方形,长14米,宽8米,我们刚才算了绿化的面积,我用大长方形面积减绿化面积,一步就得到了道路的面积,可简单了。

6. 小区绿化。(每块绿化带的长相等,宽也相等。)

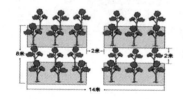

(1)绿化的总面积是多少?

(2)每块正方形水泥砖的边长是1米,铺路需要多少块水泥砖?

图 3-5

(案例提供者:中华路小学　曾品志)

指导学生进行多变的观察,在解题过程中开阔思路,寻求多种方法解决问题,使学生认识到"办法总比问题多"。这是我们数学教育在全面素质教育中的一个重要命题,可以让学生体会到:换一个观察的角度,就能使复杂问题简单化。这也拓展了学生解决问题时思维的广度。

(四)引导学生探究事物的内在联系和规律,促进数学思维的深刻性

观察有多细致,思考有多深入,直接影响思维发展的深刻性。因而,教师应引导学生在观察时去粗取精,去伪存真,由此及彼,抓住事物的本质其变化发展的规律。总而言之,这可以概括为"观察—归纳—概括"的过程。

【案例7】人教版数学二年级下册第62页第7题,如图3-6。

师:你认为可以摆几个太阳图案?为什么?

生1:我观察的是圆形,一个太阳一个圆形,这里有8个圆形,所以就可以摆8个太阳图案。

生2:我观察的是长方形,8个6,就是48个长方形,一个太阳图案需要8个长方形,48里面包含了6个8,所以是6个太阳图案。

生3:第一种只考虑了圆形,可是太阳图案的组成要有圆形还要有长方形,8个圆形,就得配上8个8,64个长方形,可这里没有这么多个长方形,所以只看圆形这种观察不正确。

生4:那看长方形呢?图中有48个长方形,一个太阳图案需要8个长方形,48里面包含了6个8,所以是6个太阳图案。我们有8个圆形,不仅够,还有多余的。

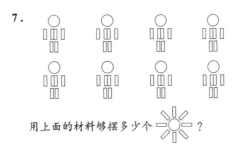

图 3-6

（案例提供者:中华路小学　曾品志）

我们应让学生注意:不能只观察一个局部就得出结论,而应抓住事物或问题的特征,边观察边思考,发现条件与问题的联系,使观察与思维互相渗透,建立起清晰的思维脉络,达到观察与思维的深度、广度的高度统一。

三、提炼反思

教师在课堂教学中要对学生进行长期有目的的训练,加深他们对观察的作用和意义的认识,提高他们的观察兴趣,逐步培养学生的观察能力。要运用多种手段,激发学生的观察兴趣,使学生通过训练掌握观察的基本方法,培养良好的观察品质,逐步养成主动观察、善于观察的习惯。同时,要把思维训练贯穿于其间,使学生数学思维的深度和广度得以发展,提高学生的数学综合素养。

第四节　数学联想

一、内涵解读

学生思维能力的培养是教师教学的核心目标之一。其中,联想思维是学生解决问题的关键,与创造能力有紧密的联系,培养学生的联想思维是教学的重要任务。联想思维是由此及彼的思维,是一种由一事物联想到另一事物的思维活动,通常包括相关联想、相似联想、对比联想、因果联想等。在数学教学中培养学生的联想思维,对培养和提高其解题能力、探索能力和创新能力具有重要的意义。

数学联想是数学想象的一种,是依据已掌握的各种信息,通过数学形象和数学直觉的有机结合,对数学知识的性质、特征、规律进行推想、探索和推理。在教学中,教师引导学生产生联想,由一个知识点发散到其他的知识点,由此及彼,由表及里,让学生在大脑里建构起一个知识网络图,在培养学生多角度思考问题的同时,也可以提升学生的数学思维品质。

二、策略应用

（一）夯实基础,注重积累,为联想做准备

数学是一门结构性极强的学科,数学学习是一个螺旋上升的过程,各部分、各年段的数学知识紧密联系,构成一个有机整体。学生学习数学的过程,都是基于现有的数学认知结构,通过顺应或者同化,找准某一知识板块,把新的知识和经验叠加到自己原有的数学认知结构中。因而,起始课在学生学习过程中的作用就是为认知建构和明确知识板块的分类而夯实基础。

【案例1】教学一年级上册"1~5的加法"这一内容时,可设计如下环节帮助学生在头脑里建立"加"的概念。

大屏幕演示动画(1个气球和2个气球合在一起)。

师:谁能根据动画说出数学信息?

生:有1个气球,又有2个气球。

师追问:这些气球怎么了?

生:它们在一起了。

师:对,我们可以说1个气球和2个气球合在一起。

师：根据这两部分气球，谁能提出一个数学问题？

生：一共有多少个气球？

师：非常好！能不能把两条数学信息和一个问题连起来说一说？

生：1个气球和2个气球合在一起，一共有多少个气球？

师连续请3个同学起来重复说这两条信息和一个问题。

师：刚刚这3句话，我们还可以配合手势，一边说一边做动作（师一边说一边用左右手表示两部分气球，然后合起来成为一体）。

全班一起一边做手势，一边说3句话。

师：要求一共有多少个气球，我们可以用加法算式来表示。

板书：1＋2＝3。

师：把一部分和另一部分合起来求总数，用加法。（一边说一边两手配合做手势。）接下来请同桌之间交流，然后代表汇报。

（案例提供者：中华路小学　周巧）

　　这是学生第一次在课堂上接触"加法"的概念，如何让学生深刻地理解加法的意义尤为重要。教学过程中，教师用左手表示一部分，右手表示另一部分，两只手合在一起表示整体，这一系列简单易学的动作给学生以生动直观的感受，配合规范的数学语言能够加深对概念的理解。动作配合语言，让学生有了直观的视觉感受及动作体验，加深了他们对概念的学习、记忆，使他们在说与做中巩固新知，也为联想做了充分的准备。

　　【案例2】教学二年级上册"角的初步认识"时，可设计如下环节，因势利导，帮助学生建立"角"的概念。

师：请同学们闭上眼睛，伸手在学具袋中摸一摸，找出有角的物品。

（学生找出三角尺。）

师：你是怎么认为它有角的呢？

生1：它很尖。

生2：很扎手，像针一样。

师：同学们，咱们再来摸一摸，几样物品的角分别给你什么样的感觉？

生3：三角尺的三条边都是直的。

生4：正方形有四个尖尖的角，而且看起来都很相像。

生5：圆的一圈都是弯的，不直。

师：看来有角的地方都是尖尖的，直直的。（板书：直。）

师（指着屏幕上的四个角）：请同学们观察一下这些角有什么共同特点。

生1：他们都有两条边。

生2：两条边都是直的。

生3:这两条边都是从顶点伸出来的。

师:在数学中,我们把这两条直直的线叫作角的"边"。(板书:边。)把这个尖尖的点叫作角的"顶点"。(板书:顶点。)

师:大家观察得很仔细,也很正确。你能试着画一个角吗?

学生独立画角,师巡视。

师:刚刚画角时,老师发现有的同学用了尺子,能说说原因吗?

生:直尺画出的线是直的。

师:只有两条边是角吗?

生:不是,还得有一个顶点。

师:对,由一个顶点和两条边组成的图形才叫作角。

(案例来源:中华路小学 陈果)

在这一环节,学生在触摸、比较、体验的基础上找到了角的感觉,激活了数学联想,辨清了角的结构,提炼出了角的组成要素,从而建构起完整、正确的图形概念。

(二)引导学生进行相似联想,促进学生思维的灵活性

相似联想是指由某一事物或现象想到与之在形态或性质上相似的其他事物或现象,进而产生某种新设想。在教学中,我们通常会发现,学生可以对公式和定理倒背如流,默写自如。但是一遇到实际问题,文字信息或者问题情境稍有变化,学生就会感到束手无策,反映出学生综合应用知识的能力不强。究其原因,学生没有发现知识点之间的相似性并加以分析,没有理解数学知识的本质联系,没有厘清知识之间的结构顺序。因此,教师必须在授课中帮助学生梳理知识结构,揭示数学知识的本质特征及其内在的逻辑联系,引导学生开展相似联想,让学生头脑中的数学知识形成一个完整的、系统的体系。

【案例3】例如,在学习了"比多比少"解决问题后,可设计这样一道练习:小鸡有12只,小鸭有8只,＿＿＿＿＿＿＿＿? 让学生补充问题,要求用减法计算。学生明白要求后,独立思考,然后全班汇报交流。

生1:小鸡比小鸭多几只?

马上有学生(生2)举手补充道:还可以问小鸭比小鸡少几只。

对于上面两种表述大家都认同。

这时教师追问:还有其他表述吗? 同样的意思还能怎样表达?

问题一出来,大家都不举手了,孩子们陷入沉思。沉默一阵后,终于有小手举了起来。

生3:老师,可不可以说小鸡走几只就和小鸭同样多?

多么精彩的表述! 学生换了一个角度提出了同样用减法来计算的问题。这时,学生纷纷打开了思维的大门,有学生举手:"老师,我还有不同的问题。"

生 4:小鸭再来几只就和小鸡同样多?

生 5:这道题还可以这样提问,就是求小鸡和小鸭相差几只。

师:那你们再想想,这 5 个问题实际上就是在求什么呀?

(案例提供者:中华路小学 王晓琰)

经过讨论、对比、分析,学生最后明白了这些问题表达的语言不一样,但它们解决的都是相差数的问题。

在探究的过程中,教师引导学生进行相似联想,启发学生提出了 5 个不同的数学问题,再引导学生对 5 个问题进行分析,梳理了 5 个不同问题之间的内在联系,懂得了不同的语言表述实际上表达了本质上相同的概念,找到了 5 个问题之间的共性,帮助学生将知识进行梳理,使学生的思维更清晰、更有条理、更系统化。这样,从低年级坚持训练下去,学生会更加关注知识的本质特征及内在联系,也为他们的后续学习打下了坚实基础。

【案例 4】在复习课上,教师在黑板上写下"圆柱"一词。

师:看着这个词,你能想到哪些数学知识?

生 1:我知道圆柱的底面是两个大小相同的圆面。

生 2:我知道圆柱的侧面积=底面周长×高,可表示为 $S_{侧}=Ch$。

师:还想到了什么?

生 3:我知道圆柱的侧面展开后是一个长方形。

生 4:老师,我对前一个同学说的还有补充,圆柱侧面必须沿高展开才是个长方形,不沿高展开的话,就是其他形状了。

师:你的思维很严谨,非常好,还有吗?

生 5:我想到了,圆柱的表面积=侧面积+两个底面积 ,即 $S_{表}=S_{侧}+2S_{底}$。

生 6:我想到了,圆柱的体积=底面积×高。

生 7:$V_{圆柱}=S_{底}\cdot h,S_{底}=\pi r^2$。

生 8:我想到了与圆柱等底等高的圆锥的体积是圆柱体积的 $\dfrac{1}{3}$……

在教学中,教师只从简单的一个词语"圆柱"入手引导学生进行联想,梳理知识,将复习的主动权交到学生自己的手上。学生在头脑中搜索关于"圆柱"的知识线索,在汇报发言中每个人的零碎记忆片段慢慢地连成线、织成网,将知识点一个个串起来,梳理清楚。这种自然联想的开放式教学策略,可以勾起学生对已学知识的回忆,让他们构建起知识的网络,这正体现了《课标(2011 年版)》所倡导的"学生是学习的主体"这一理念,教师只在其中起到帮助者和指导者的作用。

(三)引导学生进行相关联想,促进学生思维的广阔性

相关联想,也称"接近联想",是指基于事物或现象之间存在的某种相关关系进行联想,从而得到启发,找到解决问题的方法。学生在学习数学的过程中,往往凭借已经掌握的数学知识和数学思想方法进行联想。在教学中,教师要特别重视学生对基本数学知识和方法的掌握情况。只有掌握了基本知识和基本方法,学生才能在后续的学习中顺利取用储备的知识经验原型,展开有逻辑的相关联想,促成迁移、类比、假设和转化等一系列数学思维活动,实现对旧知的再一次自主建构和新问题的顺利解决。

【案例5】学了"100以内数的认识"后的一节练习课,其中有一个片段,教师引导学生展开联想。

师:看到35这个数,你能想到什么?

生1:我想到它是一个两位数。3在十位上,表示3个十,5在个位上,表示5个一。

师:很好,你能想到我们学过的知识,还有吗?

生2:我想到了34和36,因为这是35的相邻数。

生3:我想到了45,是因为45比35多10。

生4:我还想到了30+5=35,因为3个十和5个一就组成了35。

马上有学生接着说。

生5:我还想到了 30+5=35,5+30=35,35-5=30,35-30=5 四个有联系的算式。

师:对了,想到数的组成就自然想到了加减法算式。还有不同的想法吗?

生6:我还能想到一幅线段图。

生7:我还能想到一句话。红花有30朵,黄花有5朵,一共有多少朵花?

还有学生在举手,跃跃欲试,想表达自己的想法。

(案例提供者:中华路小学　周巧)

由教师引导学生对一个两位数35的思考,引发了学生对算式、看图列式、解决问题的联想。整个过程中,学生思维活跃,思路广阔。教师在课堂上运用引导相关联想策略,可以促进学生数学思维品质的提升。

【案例6】在教学"平行四边形的面积"一课时,教师用课件出示一个平行四边形。

师:你能直接计算出这个图形的面积吗?

生1:不行。

生2:平行四边形的面积公式没有学过啊。

师:同桌合作完成,利用手中的平行四边形纸片和剪刀,想办法剪一剪(提示:要沿着高来剪)、拼一拼,把平行四边形转化成自己会算面积的图形来计算它的面积。

师:你们会算哪些图形的面积呢?(学生小组合作,动手操作。)

学生把剪拼的图形展示在黑板上。

学生汇报:沿着平行四边形任意一条高分别剪下一个直角三角形和一个直角梯形或两个直角梯形,经过平移都拼成了长方形,且两种推导结论都是平行四边形的面积等于长方形的面积,平行四边形的底等于长方形的长,平行四边形的高等于长方形的宽。

师:为什么都是要沿着高来剪开呢?(因为长方形和正方形的四个角都是直角。)

师:下面请同学们看电脑演示剪拼的过程。

课件演示平行四边形转化成长方形的过程。

观察并思考:

(1)拼成的长方形和原来的平行四边形比较,什么变了?什么没有变?

(2)拼成的长方形的长与原来平行四边形的底是什么关系?拼成的长方形的宽与原来平行四边形的高是什么关系?

交流反馈,引导学生得出结论。

生1:平行四边形的形状变了,面积没变。

师:形状怎么变化的?

生2:从平行四边形转化为了长方形。

生3:拼成的长方形,长与原来平行四边形的底相等,宽与原来平行四边形的高相等。

师:你能根据长方形面积的计算公式推导出平行四边形的面积计算公式吗?

生4:应该是和长方形的面积公式相似吧。

生5:我猜应该是平行四边形面积等于底和高的乘积。

师:对了,我们把平行四边形的高转化为长方形的宽,于是平行四边形的面积公式如下。

教师板书:

长方形的面积 = 长 × 宽

平行四边形的面积 = 底 × 高

即 $S = a \times h$

也可以写成 $S = a \cdot h$ 或 $S = ah$

教师引导学生齐读平行四边形的面积计算公式。

(案例出自:刘必红.《平行四边形面积的计算》教学设计[J].教学与管理,2007(5):56-59.)

不规则图形经过剪、拼以后,变成了一个规则的、可以直接计算出面积的长方形。这种方法是把未知的转化成已知的,这种重要的数学方法被称为"转化方法"。在教学过程中教师可引导学生在拼、剪、折等活动过程中进行相关联想,也即是将旧知转化为新知的过程。在学习三角形的面积和梯形的面积等内容时,常会用到这种重要的数学方法。

(四)引导学生进行相反联想,促进学生思维的深刻性

教师们通常会用"举一反三"这个词语来描述学生掌握知识的灵活程度,判断学生是否掌握了知识的本质。其实,从另一方面看也说明数学学科的特性——灵活多变。

71

教师在教学活动中,针对一个知识体系的内容,设计相反思路的例题引导学生进行相反联想,可以达到促进学生思维深刻性的目的。

【案例7】教学"线段图加减法"时,学生在教师的引导下,由一道例题对比联想出完全不同的两道新例题。

师:请看图(如图3-7)说出三句话。

图 3-7

生1:左边有3瓶饮料,右边有5瓶饮料,一共有几瓶饮料?

师:你们的想法和他一样吗?

生:一样。

师:请用算式表示这个过程。

生2:3+5=8(瓶)。

师:为什么用加法?

生3:已知一部分和另一部分,求它们的总和就用加法。

师:说得很对,这样的情况我们用加法计算。如果我们还是研究这几瓶饮料,如果题目变成这样(如图3-8),还是用加法吗?

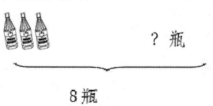

图 3-8

生4:这应该不能用加法了。

教师马上追问:为什么?说说理由。

生4:因为这里是一共有8瓶饮料,左边有3瓶饮料,求右边有几瓶饮料。

师:你把这幅图用三句话总结出来了,换句话说,也就是知道什么求什么。

有学生迫不及待地抢答:已知总数和其中一部分,求另一部分用减法计算:8-3=5(瓶)。

师:是的。这道题变成了用减法解决的问题,同样是有大括号和问号,为什么和上一道题的解决方法完全不同?

学生们思考片刻之后,纷纷举手。

生5:老师,你看,虽然这两道题都有问号和大括号,但是问号的位置却完全不一样了。

生6:第一题的问号在大括号下面,表示求总数;而第二道题的问号在右边,表示求另一部分,两道题的问题不一样,所以解决方法也就不同。

师:你们说得真详细!问号的位置也就意味着未知量,尽管例题图看起来相似,但却需要运用两个完全不同的解决方法。

师:你们能像老师一样,将这道关于饮料的题再改成一道新题吗?请同学们试着做一做。

生7:我想把左边的当作求的问题。有8瓶饮料,右边有5瓶饮料,求左边有几瓶饮料。8-5=3(瓶)。

教师出示作业图例,如图3-9。

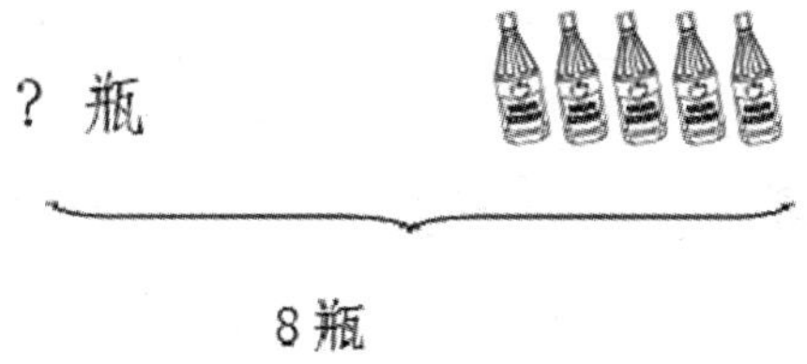

？瓶

8瓶

图 3-9

师:这道题为什么用减法?

生8:因为这道题也是已知总数和其中一部分,求另一部分的问题,用减法计算。

(案例提供者:中华路小学　周巧)

让学生在掌握加减法意义的基础上,根据部分与整体之间的关系,从一道带大括号和问号的解决问题入手,经过教师的引导,学生将一道用加法解决的问题,通过相反联想改编成一道用减法解决的例题。两个完全对立的解决方法在例题改编的过程中同时呈现,由此学生在对比研究和相反联想中可产生出思维的火花。

三、提炼反思

学习的过程犹如爬山,需要拾级而上,步步登高。旧知往往是学习新知的原型和基础,教师只有在课堂上将重难点细节逐个落实,学生才能在坚实的基础上进行更加丰富的数学联想。而联想不但可以帮助学生复习知识,更能帮助他们运用已经掌握的知识和方法解决遇到的新问题。教师如果注意抓住契机引发联想,就能帮助学生探索新的知识,解决新的问题,提升学生的创造力。如果把联想渗透到教学的各个环节中去,增强学生的联想意识,努力发现相关知识间的联系,那么这样的教学活动就是在为每个学生插上数学联想的翅膀。

第五节　合作探究

一、内涵解读

《课标(2011年版)》在课程目标的"情感态度"这一分目标中明确指出,通过数学学习,应使学生养成独立思考和合作交流的学习习惯。由此可见,无论是从学生思维发展的达成看,还是从学生的可持续发展角度来考虑,在小学数学教学中对学生进行合作意识与能力的培养,不但十分重要,而且非常有必要。我们研究学生的合作探究,旨在对以知识为主的教学目标和以教师传授为主要特征的数学教学模式进行改革,使教学过程真正建立在学生自主活动的基础上,发挥学生的主体作用,把学生的个性探索与小组合作探索有机结合,调动全体学生的学习积极性,促进学生的主体性、创造精神、实践能力、合作意识和交往品质等多方面素质的协调发展。

二、策略运用

（一）合作探究，培养数学思维的广阔性

21世纪是知识经济的时代,它不再把人看作劳动力,而是把人作为知识创造的主体,这就需要学生要有开阔的思维才能真正成为创造的主体。因此,教师在教学设计中,可以有计划地在教学中设计多种合作探究活动,使学生从多角度、多方位思考问题,培养学生思维的广阔性。同时,小学数学教学中的合作探究活动也有利于学生自信心的培养。教师在合作探究活动中可以从知识起点、探究过程、体验成功和磨炼意志四个方面培养学生的学习兴趣,提高其成就感。

【案例1】人教版数学四年级下册"加法交换律"的教学。

师出示主题图。

师:从图上你获得了哪些数学信息?

生:李叔叔上午骑了40千米,下午骑了56千米。

师:谁来提一个用加法计算的问题?

生:一共骑了多少千米?

师:谁能把问题和条件完整地说一遍?

生:李叔叔上午骑了40千米,下午骑了56千米。一共骑了多少千米?

师:要求一共骑了多少千米,怎样列式计算?

生:40＋56＝96(千米)。

师板书算式。

师:还可以怎样列式?

生:56＋40＝96(千米)。

师:请你们仔细观察,这两个算式之间有怎么样的关系?

生齐答:它们算出的结果相等。

师:你是怎样知道的?

生:它们的得数是一样的。

师:这时我们就可以用等号把他们连接起来。

板书:40＋56＝56＋40。

师:观察这个等式,你发现了什么?

生:发现了这个等式都有40和56。

师:对,都有40和56这两个加数,这是他们相同的地方,不同的是什么?

生:他们的位置变了。

师:我们来看看,在等号左边,40是第一个加数,56是第二个加数;在右边,56变成了第一个加数,40变成了第二个加数。虽然它们的位置发生了变化,但是什么没变啊?

生:它们的得数没变。

师:你还能说出这样的例子吗?

生:17＋28＝28＋17。

生:48＋180＝180＋48。

……

总结规律,寻找异同。

师:你们能举出这么多的例子,真是太厉害了! 看来这些例子都有相同的地方,你从中发现了什么? 同桌的同学相互交流下。

学生回答后总结板书。

用个性化的符号表示。

师:刚才同学们举了很多例子,加数都是数,你能用自己喜欢的方式表示加法交换律吗? 自己在本子上写一写,写好了可以在小组里互相交流下。

生:甲＋乙＝乙＋甲。

生:A＋B＝B＋A。

生:! ＋＃＝＃＋!。

……

(案例提供者:中华路小学 申红)

在这个案例中,教师针对学生的认知起点来设计教学,让他们面对新知识能主动去回忆,调动已有的认知结构,并对新知产生探究的需求,激发他们的探究欲望。学生在接触几个算式后,头脑里基本有了对加法交换律的初步认识,逐步形成了加法交换律的模式。这时,教师让学生找这类算式的异同点,一部分学生应该能说出来,可能还有一部分学生还不能形成语言描述,但经过同桌交流后对加法交换律的理解能够更到位。在让学生用字母表示加法交换律这部分内容时,学生首先分组交流,因为在小组中成员有多位,每个学生的答案未必一样,学生可以先在小组里交流以加深对加法交换律的理解。在全班交流过程中,学生接触更多的表示方式,可以增强学生数学思维的广阔性。

(二)合作探究,培养数学思维的独创性

小学生在合作探究中灵活运用数学思维去分析、解决现实生活中的实际问题,有助于培养学生的数学素养,提高他们勤思、善思、创造的精神。

《课标(实验稿)》强调:"义务教育阶段的数学课程,其基本出发点是促进学生全面、持续、和谐的发展。"多年以来,我国小学数学以"讲解—接受"的教学模式为主,受这种忽略过程、注重结果、忽视知识构建、重视知识技能的教学方式的束缚。特别是在数学的复习课上,这种模式表现得尤为突出,这种重复、机械、重视强化知识的训练,严重磨灭了学生的学习兴趣,培养出的学生不具备创造精神。

我们倡导的"自主探究—合作互动"的教学模式,是在学生已有的知识基础之上,在教师的引导下,让学生充分地自主交流并展开多角度的探索合作的教学模式。最终让学生建立清晰的知识结构,充分发挥学生的主体性,培养学生搜集、整理、阐述知识的能力,从而让学生在活动交流中充分与人合作交流、资源共享,在活动中不断加深自己对知识的理解,让不同层次、不同需求的学生能有效巩固所学,提升数学思维能力,由此真正实践"让不同的人在数学上获得不同的发展"的教学理念。

【案例2】数学六年级的"鸡兔同笼"教学中有如下片段。

师出示题目。

师:"鸡兔同笼"这四个字是什么意思呀?

生:鸡和兔关在同一个笼子里。

师:为了研究方便,我们把题目里的数字改小一点。"笼子里有若干只鸡和兔,从上面数,有8个头;从下面数,有26条腿。鸡和兔各有几只?"(说明:为了便于分析时叙述,把"26只脚"改成了"26条腿"。)

师:我们一起来看看被关在同一个笼子里的鸡和兔给我们带来了什么信息。

学生理解:鸡和兔共8只,鸡和兔共26条腿,鸡有2条腿,兔有4条腿。

猜想验证。

1.师:我们先来猜猜,笼子中可能会有几只鸡?几只兔呢?(学生猜测。)在猜测时要抓住哪个条件呢?(鸡和兔一共是8只)那是不是抓住了这个条件就一定能猜对呢?

学生猜测,教师板书。

2.师:怎样才能确定同学们猜得对不对? (把鸡的腿和兔的腿加起来看等不等于26。)

3.让学生独立验证,找出正确的答案。

在这个过程中,学生可以用各种方法探究。

4.汇报交流。

(1)学生交流列表法。

(2)学生交流假设法。

①学生口述假设法。

我们先看表格中左起的第一列,8和0是什么意思? (就是有8只鸡和0只兔,也就是假设笼子里全是鸡。)那笼子里是不是全是鸡呢? (不是。)那就是把里面的兔也看成鸡来计算了,那把一只4条腿的兔当成一只2条腿的鸡来算会有什么结果呢? (就会少算2条腿。)

假设全是鸡一共就有16条腿。实际有26条腿,这样笼子里就少了10条腿,为什么会少了10条腿呢? 把兔当成鸡再算。一只兔当成一只鸡算少2条腿,那把几只兔当成鸡算就会少算10条腿呢? 即10里面有几个2。就把几只兔当成了鸡算,5个2,用5只兔当成了鸡算,这个5就表示应该有5只兔。

②师:上面的过程能用算式表示出来吗? 请同学们试试看。

学生试着列算式。

$8 \times 2 = 16$(条)。(如果把兔全当成鸡,一共就有$8 \times 2 = 16$条腿。)

$26 - 16 = 10$(条)。(把兔看成鸡来算,4条腿兔当成2条腿的鸡算,每只兔就少了2条腿,10条腿是少算了兔的腿。)

$4 - 2 = 2$。(假设全是鸡,是把4条腿的兔当成2条腿的鸡。所以$4 - 2$表示是一只兔当成一只鸡就要少算2条腿。)

$10 \div 2 = 5$(只)。(那把多少只兔当成鸡算就会少10条腿呢? 就看10里面有几个2就是把几只兔当成了鸡来算,所以$10 \div 2 = 5$就是兔的只数。)

$8 - 5 = 3$(只)鸡。(用鸡兔的总只数减去兔的只数就是鸡的只数,$8 - 5 = 3$只鸡。)

③师:算出来后,我们还要检验算得对不对,谁愿意口头检验?

生:$3 \times 2 + 5 \times 4 = 26$(只),$5 + 3 = 8$(只)。

师:看来做对了,最后写上答语。

④师:我们再回到表格中,看看右起第一列中的8和0是什么意思? (笼子里全是兔。)那是不是全都是兔呢? (不是。)也就是假设笼子里全是兔。那把兔当成鸡再算。那就是把里面的鸡也当成兔来计算了,那把一只2条腿的鸡当成一只4条腿的兔来算会有什么结果呢? (就会多算2条腿。)(课件出示:把一只鸡当成一只兔算,就多了2条腿。)

⑤师:先用假设全是鸡的办法解决了这个问题,现在假设全是兔又应该怎么分析

和解决这个问题呢？同学们能自己解决吗？如果有困难可以同桌边或小组讨论。

学生讨论写算式，然后指名写。

$8 \times 4 = 32$（条）。（如果把鸡全看成兔一共就有 $8 \times 4 = 32$ 条腿。）

$32 - 26 = 6$（条）。（把鸡当成兔来算，2 条腿的鸡当成 4 条腿的兔算，每只鸡就多了两条腿，6 条腿是多算了鸡的腿。）

$4 - 2 = 2$。（假设全是兔，是把两条腿的鸡当成有 4 条腿的兔。所以 $4 - 2$ 表示是一只鸡当成一只兔多了 2 条腿。）

$6 \div 2 = 3$（只）鸡。（那要把多少只鸡当成兔来算就会多算 6 条腿呢？就看 6 里面有几个 2 就是把几只鸡当成了兔算，所以 $6 \div 2 = 3$ 就是现在鸡的只数。）

$8 - 3 = 5$（只）兔。

小结：刚才我们假设都是鸡或是兔，所以把这种方法叫作假设法。这是解答"鸡兔同笼"问题的一种基本方法。（板书：假设法。）

（3）学生交流列方程的方法。

师：在解决"鸡兔同笼"问题时，除了列表法和假设法外，还有别的方法吗？

生：方程的方法。

师：要用列方程的方法就必须找到等量关系式。通过得到的信息能写出哪些等量关系式呢？

生：兔的只数＋鸡的只数＝8；兔的腿＋鸡的腿＝26 条腿。

师：这里我们需要求兔的只数和鸡的只数，共有两个未知数。那我们可以设一个未知数为 x，再把另一个表示出来。这道题我们可以设兔的知数为 x 只，根据兔和鸡共有 8 只，那鸡的只数就可以表示成（$8-x$）只，因为一只鸡有 2 条腿，所以 x 只鸡就共有 $2x$ 条腿。一只兔有 4 只腿，（$8-x$）只兔就有 $4(8-x)$ 只脚。又因为鸡和兔共有 26 只脚，所以 $2x + 4(8-x) = 26$。

解：设鸡有 x 只，兔有（$8-x$）只。

$2x + 4(8-x) = 26$

解：设有兔 x 只，鸡有（$8-x$）只。

$4x + 2(8-x) = 26$

师：请同学们回忆一下，在解决鸡兔同笼问题时，用到了哪些方法？

生：列表法、假设法和列方程。

（案例提供者：中华路小学　申红）

上述案例中，教师首先出示鸡兔同笼的问题，让学生独立解决问题，这时学生用一些已有的知识，比如列举法来解决，也有学生用假设法和方程来解决问题。在这个过程中教师让学生先完成信息检索和整理，给予学生充足的独立探究时间，再组织学生开展自由的合作交流，充分发挥学生思维的独创性，让学生在交流学习中发散思维，了解更多解决问题的方法，从而达到巩固知识和发展能力的目标。

（三）合作探究，培养学生数学思维的批判性

我们所培养的 21 世纪的人才,应该是勤于思考、敢于质疑、勇于创新,且具有创新精神和实践能力的创造型人才,这就要求他们不仅能解决问题,还应该具有对知识的批判性思维。基于这样的培养理念,教师首先应鼓励学生从不同角度去探究规律,进而让学生独立思考,再与其他同伴探讨交流。在学生的交流活动中,教师首先应精心挑选供学生操作的教学材料,让学生对教师提供的教学材料产生浓厚的兴趣,再让学生从多角度进行探究活动。

【案例 3】在四年级"三角形的内角和"教学中,有如下片段。

1.动手验证。

（1）师:请孩子们猜一猜,三角形的内角和是多少度?

师:三角形的内角和是 180 度吗? 锐角三角形的内角和是 180 度吗? 直角三角形的内角和也是 180 度吗? 钝角三角形的内角和也是 180 度吗? 接下来就请孩子们拿出你们准备的各种三角形,用量一量、撕一撕和折一折的方法来研究三角形的内角和。

师:做完了的学生可以分组交流,交流你用的什么方法。

（2）汇报交流。

师:谁来说说你是用的什么方法? 结果怎样?

生说并上台演示。

2.总结方法。

师:用量一量这个方法来验证的学生请举手,你们量出来三角形的三个内角和是180 度吗? 为什么会出现这样的情况? 测量中可能出现误差,如果我们精确地测量,三角形的内角和就是 180 度。

师:还有其他的方法吗?

师:他用撕一撕的方法,我们再来看看(放课件)。我们也来动手用撕一撕的方法来验证,看看这三个角拼在一起是不是平角。这个方法可以不用一个角一个角的量。

师:还可以用折一折的方法(放课件)(折了几下,凑成了一个平角,是多少度?)

（案例提供者:中华路小学 申红）

教师要培养学生对知识的质疑精神,鼓励他们敢于批判错误。不仅如此,还要让学生在具体的操作活动中进行独立思考,鼓励学生发表自己的意见,并与同伴进行交流。在课堂上的合作探究活动中,教师应善于倾听学生的意见,多鼓励学生回答,并及时做出评价。例如,教师引导学生用量一量、撕一撕、折一折的方法来探究三角形内角和,放开手脚去操作探究,充分肯定不同的探究方法,并对每种探究方法都进行深入的演示和讲解。在教学中,教师应注意让每个学生在不同的教学环节中,施展自己的才能,每个学生都能用量一量的方法探究,这就让每个学生对三角形内角和有了个初步的感知;有的学生会用折一折以及撕一撕的方法验证,虽然有的学生不会,但在小组交流中他们可以近距离感受这种方法。学生对多种方法的探究,可充分调动他们的积极性,激发起学习的兴趣,从而增强学习信心和学习意志。

《课标(实验稿)》指出:"教师是学生数学活动的组织者、引导者与合作者;要根据学生的具体情况,对教材进行再加工,有创造性地设计教学过程;要正确认识学生个体差异,因材施教,使每个学生在原有的基础上得到发展;要让学生获得成功的体验,树立学好数学的自信心。"教师要不断给所有学生创造批判的条件和机会,使学生在不断批判中发现真理和肯定自我,培养学生数学思维的批判性。

【案例4】四年级"三角形的三边关系"的教学。

1.实验操作。

(1)师:如果任意给你三根小棒,把它们当作三条线段,一定能首尾相连地围成一个三角形吗?(学生思考并说说)到底能不能,我们来做一个有趣的实验。

(2)教师为每组的孩子准备了学具袋,学具袋里有5根标好了长度的小棒,分别长3 cm、5 cm、6 cm、7 cm、9 cm。还有实验记录表。每4个孩子为一组,组长负责本组同学的分工合作,并负责记录。实验的要求是:

①每次从5根小棒中任选3根。

②记录每一根小棒的长度。

③摆一摆,看看选定的小棒能否首尾相连地围成一个三角形。

④把每次实验的结果记录在表3-2中。

表3-2　关于三角形的三边关系的实验记录表

实验次数		1	2	3	4	5	6	7	8	9
小棒长度 (单位:cm)	第一根									
	第二根									
	第三根									
能否围成三角形,画"√"或"×"										

2.汇报交流。

师:哪个组的同学来说说你们实验的情况?其他组的孩子仔细听,看看本组有没有不同的摆法或不同的结论,可做一些符号,等会儿请你来补充。

(案例提供者:中华路小学　申红)

实践证明,常常有成功感的学生,他们在学习活动中更容易坚持,即使遇到困难或问题,也会想办法去解决或者归结于自己还需努力。这样的学生对学习充满信心,当面临暂时的失败时,也不会轻易妥协,会更加努力,直到成功为止。而教师要做的是不断为学生创造各种刺激他们的素材与机会,让每个学生都能从素材中发现问题,敢于指出问题,并能用学到的数学知识解决问题,从而获得成功的体验,最终获得学习的自信心。

三、提炼反思

随着新课程改革的深入实施,合作探究这种学习模式已经越来越受学生的喜欢,也越来越得到广大教师的肯定。但在教师的课堂上,却经常看到这样的情景:

当教师抛出一个问题(或者该问题来自学生)后,教室里立即响起一片"热闹非凡"的嗡嗡声,看似小组内每个学生都在积极参与热烈的讨论,但当你深入小组才发现:发言的学生只顾自己讲得津津有味,全然不顾其他学生是否在听自己的发言;有的同学悄悄地与旁边同学窃窃私语,说些与话题毫无关联的话;有的同学急不可耐,没等别人说完就抢着发表自己的意见。课堂上看似一片热闹,但真正深入到问题核心讨论的学生寥寥无几。

当学生就某个问题小组展开探讨时,有时可能出现下面的情况:一个同学在侃侃而谈,发表自己的意见,而另外一个同学则马上打断对方的发言提出自己不同的见解。这时,小组内出现不同的意见,一方据理力争,另一方极力反驳,甚至使组内同学怒目相视,争吵不休。

教师要求组内成员分工完成某项任务时,容易的、喜欢的争着干,难的、不爱干的大家你推我让;讨论一个问题时,赞同自己的想法时就高兴,提出反对意见时就瘪嘴生气,不再参与,也不虚心听取别人的意见;更有甚者,在建组时,好学生排挤"差"学生的加入。

导致以上状况的原因很多,其中最主要的因素就是组内同学不会合作。不会合作的原因不是学生缺乏合作的欲望,而是学生缺乏人际合作的方法和技能,从而影响合作学习的顺利进行,甚至严重削弱教学效果。因此,为了有效开展探究合作,教师应重视学生合作技能的练习,给学生讲解合作学习的各种理论知识以及建组的技能技巧,并进行系统、有效的培养,在教学中不断实践、调整,努力提高学生的合作意识与合作能力,从而真正取得合作探究、共同提高的实效。

参考文献

[1] 刘必红.《平行四边形面积的计算》教学设计[J]. 教学与管理,2007(5).

[2] 吕传汉,汪秉彝. 论中小学"数学情境与提出问题"的教学[J]. 数学教育学报,2006(2).

[3] 中华人民共和国教育部. 全日制义务教育数学课程标准(实验稿)[M]. 北京:北京师范大学出版社,2001.

[4] 中华人民共和国教育部. 义务教育数学课程标准(2011年版)[M]. 北京:北京师范大学出版社,2012.

第四章　提高学生质疑问难的能力策略

第一节　寻找每节课的思维增长点

《课标(2011年版)》明确提出:"数学教育既要使学生掌握现代生活和学习中所需要的数学知识和技能,更要发挥数学在培养人的思维能力和创新能力方面的不可替代的作用。"数学是一门以思维为基础的学科,数学教学最重要的是要使学生学会思维,学会数学的思维,会运用数学的思维方式进行思考。

一、内涵解读

德国著名的数学认知学家施万克教授也一再强调:"会思考的人成绩一定好,成绩好的人不一定会思考。"培养学生的数学思维能力要从基础教育阶段开始。通过数学基础知识的学习和数学思维方式的训练,学生可以养成良好的数学思维习惯,培养用数学的眼光观察世界、处理和解决问题的能力。

基于以上认识,从一年级开始,教师就要告诉自己,我们培养的是一批会思考的儿童,是具有思维能力和创新能力的一批儿童,而不是只会解题的机器。因而,在每天的数学日常教学中,我们应该去寻找那一个个能促进儿童学会数学思考的思维增长点。到底何为思维增长点呢? 在教学实践中,通过自己的不断摸索和研究,我们认为,所谓数学课堂的思维增长点,就是以具体的数学教材内容为载体,找准其中的某一个点对学生进行思维训练,让学生的思维能力通过训练得到一定的提高,从而达到新课标所提出的数学教学的目标。

二、策略运用

到底怎样去寻找每节课的思维增长点从而对学生进行思维训练呢? 不妨从以下三个方面入手。

(一)读懂教材，找到思维的载体

《课标(2011年版)》强调要让学生学会独立思考,体会数学的基本思想和思维方式。要让学生体会到数学的基本思想和思维方式,就必须从教材中找到训练学生数学思维的一个载体,因为数学家的思想蕴含在数学知识内,数学思想方法蕴含在概念之中。

例如在教学"用7,8,9的乘法口诀求商"之前,我们翻看教材中的例题,首先可以做出如下思考:教材的要求不会仅仅要求学生会计算这几道题吧? 如果仅仅是要求计算,学生不早就会了吗? 我们可不可以在此基础上适时进行引申呢? 那么到底记住教材内容的哪一点,才能激发学生的学习兴趣,使其碰撞出思维的火花呢? 然后,回到教材中的那几道例题,我们提出疑问:学生会算这几道例题,但是他们想过除法算式一共会有多少道吗? 针对这个问题,教师可以将本节课训练学生数学思维的载体就安排在研究表内除法算式有多少个上。借助这一思维训练载体,学生不仅可以对表内除法的所有算式有全局的认识,沟通乘除法之间的联系,而且能够有效地学会相应的数学思维方式。正如爱因斯坦所说:"所谓教育,是忘却了在学校学得的全部内容之后剩下的本领。"

【案例1】本节课教师首先引导学生研究用"7,8,9的乘法口诀"来求商的算理和算法。教师提出问题:"哪些除法算式是用7,8,9的乘法口诀来求出商的? 你能举例吗?"话音一落,孩子们纷纷举起了手,先汇报的是用7的乘法口诀求商的除法算式。第一个学生站起来就说了2道,教师同时板书:$7÷7=1,35÷7=5$。"你是怎么算出来的?"教师问道,学生答:"因为1乘7得7,所以7除以7得1;5乘7得35,所以35除以7等于5。"教师追问:"如果乘法口诀五七三十五你记不清楚了,你会怎么办?"学生答:"想减法。比如,35除以7可以想成用35连续来减7,直到结果是0。要连续减5个7,所以商是5。"学生的回答是我意料之中的答案,因为前面学过用1到6的乘法口诀求商,学生能够迁移算理和算法。接下来,学生同理汇报了用8和9的乘法口诀求商。

(案例提供者:中华路小学　熊茵)

(二)读懂学生,找准思维增长点

美国著名的教育心理学家奥苏泊尔说:"影响学习的唯一的、最重要的因素是学习者已经知道了什么,我们应当根据学生原有的知识状况进行教学。"在数学教学中,了解学生,读懂学生,把握学生原有的认知基础、知识结构和思维水平,对于找准学生的思维增长点,有效促进他们的数学思维发展有很大的帮助。

仍以"用7,8,9的乘法口诀求商"的教学为例,我们在准备上这节课之前,有必要认真分析学生当下的数学认知结构和知识基础。由于前面已经学过"用1~6的乘法口诀求商",全班学生通过知识的迁移已经掌握了"用7,8,9的乘法口诀求商"的算理和算法,只不过在计算速度上有少部分学生显得稍微慢点儿。因此,如果教师继续把这节课的重点放在研究算理和算法上,学生的思维状态将会是疲惫的,这样的教学索然无味。那么,我们在这节课上应该如何启发学生主动地进行思维活动呢? 只是单纯地让学生计算并说出算理,这显然是不够的。因为学生的数学思维能力没得到发展。对于本节课,结合对教材中思维载体的分析和对学生思维状态的了解,我们不妨将学生的思维增长点定位在培养学生的有序思考上。

【案例2】研究完"用7,8,9的乘法口诀求商"的算理和算法之后,教师引导学生研究用"7,8,9的乘法口诀求商"的除法算式有哪些。教师提出了这样的一个问题:"用7的乘法口诀来求商的除法算式是不是只有这2道?"学生齐声答:"不是。"教师继续追问:"那用7的乘法口诀来求商的除法算式一共有多少道?"顿时全班安静了下来,学生有皱眉头的,有准备拿笔试试的,有小声猜测的。这时,教师启发:"你能把它们都找出来吗?在练习本上试着写出来吧。"学生安静地在练习本上写着答案,教师在小组间巡视,耐心等待学生的研究成果。3分钟很快过去了,学生也有了一些发现。于是,教师安排学生一一上讲台前交流汇报。

第一个学生展示自己的研究成果,如图4-1。

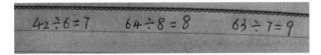

图4-1

教师提问台下的学生:"看看这个同学写出的算式,你有什么话想对他说?"台下一个学生评价:"这样写没有顺序,7,8,9都写,不容易找完。你看嘛,他写不下去,只写了3道嘛。"教师问展示的这位同学:"你接受他的建议吗?"展示同学说:"我接受。"

第二个学生展示自己的研究成果,如图4-2。

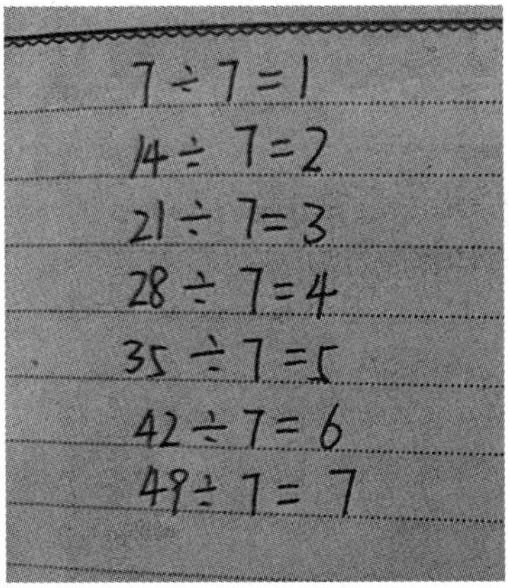

$$7 \div 7 = 1$$
$$14 \div 7 = 2$$
$$21 \div 7 = 3$$
$$28 \div 7 = 4$$
$$35 \div 7 = 5$$
$$42 \div 7 = 6$$
$$49 \div 7 = 7$$

图4-2

教师问台下的学生:"这样呢?"大部分学生齐声回答:"写完了。"但是小部分学生坚持说:"没写完。"教师请两边学生分别说出理由。大部分学生的代表说:"因为7的口诀有7句,他写了7道,就写完了。"小部分学生说的理由明显在气势上压倒了大部分学生。这名小部分学生的代表说："不对,你看嘛,一七得七这句口诀可以写2道除法算式。7÷1＝7,7÷7＝1。他没写完。"话音刚落,大部分学生中频频有人点头表示赞同。教师继续问："他这样写有没有顺序?"一学生回答:"有顺序,他是按照7的乘法口诀的顺序排列出来的,只不过没找完。"于是,教师请出了第三个展示的同学。

第三个学生展示自己的研究成果,如图4-3。

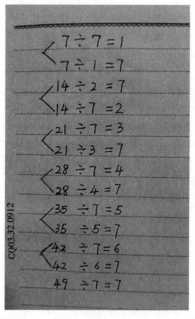

图 4-3

教师请这个展示的同学说出自己的想法。他说："我就是按照7的乘法口诀的排列顺序,从一七得七开始写的。一句口诀可以写2道除法算式,但是最后一句口诀只能写一道除法算式。"教师追问："为什么最后一句口诀只能写一道呀?"学生答:"因为两个因数是一样的,写成除法算式,就是除数和商是一样的,所以只有一道。""那这位同学找完没有?""他这样写你们觉得怎么样?"教师继续问。全班学生终于心悦诚服地齐答:"找完了。"并且也看到了这样的排列很有序。

（案例提供者：中华路小学　熊茵）

（三）读懂课堂,促进学生思维发展

数学思想方法的掌握需要在教师的启发引导下,通过学生的体验、领悟等心理活动才能实现。因此,教师在课堂教学中为学生创设恰当的教学情境,以展示数学思维活动的真实过程,使学生能切实体验到数学思想方法的意义和作用是非常重要的。课堂是培养学生数学思维的主阵地,我们只有读懂了课堂,才能促进学生数学思维的发展。

【案例3】在本节课中,教师让学生经历了找"用7的乘法口诀求商"的所有除法算式这一情境过程。期间,教师给学生留足了独立思考的时间和空间,引发学生的数学思考。接下来,教师有意识地选择了3个思维层次不同的学生作品来展示,让讲台前的学生说想法,台下的学生做评价,充分展示了学生的思维活动,凸显了从无序到有序的思维过程。在学生的交流互动中,学生对这种"有序思考"的感受越来越深,体会到这种思维方式带给我们的是清晰明了的思路。而"用7的乘法口诀求商"的所有除法算式在学生的汇报交流中也有了答案。

最后,教师引导学生研究"除法算式一共有多少道"的问题。教师问:"你能说出用7的乘法口诀求商的除法算式一共有多少道吗?"

问题提出后,有些学生就开始数了起来,但是有些学生没数。教师请没数的学生汇报。一名学生回答道:"7的乘法口诀一共有7句,前面6句口诀每句可以写2道除法算式,就是2乘6等于12道,最后一句只写一道,12加1就是13道了。算式是$2\times6+1=13$。"马上有学生举手回答:"老师,我有不同的想法。我是假设的,7的乘法口诀一共有7句,假设每一句都能写出2道,那就是2乘7等于14道,但是最后一句七七四十九只能写出一道,14减1就是13道了。算式是$2\times7-1=13$。"真是一群有想法的孩子,居然联系到了曾经学过的乘加和乘减来解决问题,并且把"假设"的数学思想也表述出来了。我们学数学的目的不就是要学会运用数学思想方法,用旧知识去解决新问题吗?

教师接过学生的回答,追问道:"那你们能说说用8的乘法口诀来求商的除法算式一共有多少道吗?9呢?"学生利用7的推理,解决了8,9的问题。同时引发了学生对"用1到6的乘法口诀求商的除法算式一共有多少道"的研究兴趣。继而学生发现了用1到9乘法口诀求商的除法算式一共有81道($1+3+5+7+9+11+13+15+17=81$),跟"大九九"乘法口诀表有联系,都有81道。从而学生对表内除法的所有算式有了全局的认识,并且也建立了与表内乘法的联系。

（案例提供者：中华路小学　熊茵）

三、提炼反思

"用7的乘法口诀求商的除法算式一共有多少道呢?"随着教师又一个问题的提出,学生思维的闸门也再次被打开。除了用数数的方式以外,学生的推理计算也是相当的精彩。他们用"假设"的思想,采用乘加或者乘减的方法,推算出一共有13道。不难看出,一些数学思想方法已经在学生的头脑中扎根了。继而,学生又推算出"用8,9的乘法口诀求商"的除法算式分别有15道和17道,再联想到了"用1~6的乘法口诀求商分别有多少道"。最后,学生总结出了表内除法的除法算式一共有81道,由此还想到了"大九九"乘法口诀表对应的81道乘法算式,从而再一次巩固了乘除法之间的联系。借助寻找除法算式数量这一思维载体，学生的观察、推理、迁移等一些数学思维能力得到了发展，尤其是"有序思考"在孩子的头脑里留下了很深的印记。

促进学生的数学思维发展，这是一项长期的任务，需要落实在每一堂数学课上，更为必要的是每一堂数学课必须要找准那一个思维增长点。

第二节　有效设计大问题

问题是开展数学课堂讨论的内核，是进行教学的基点，也是讨论的开端。问题的好坏决定着课堂质量的高低。在进行教学设计的过程中就要将设计聚焦到一个问题上，将教学过程转变为问题解决的过程。"有效设计大问题"是针对目前数学课堂教学中提问环节出现的弊病所提出的。

在研究中发现，教师在数学教学实践活动中也会有意识地进行问题设计，然而问题设计呈现出随意、脱离教材系统、问题繁碎、缺乏集中指向性、问题品质较低、问题难度超过学生接受程度抑或设计假问题等乱象。为了提升数学教师在问题设计过程中的质量和有效性，使学生的数学思维能力在这一过程中能够得到更好的提升，有必要进行"大"问题设计的研究。

一、内涵解读

首先，什么是问题设计？它是指课堂上教师和学生要提出哪些问题，怎样提出问题，为什么要提出这些问题等一系列的安排和思考。什么是大问题？大问题指改变传统的针对某一具体问题而进行操作性学习的态度，以一种较为粗线条的方式勾勒出问题框架。这种问题具有较大的可选择空间，如根据不同问题可以选择不同的解决策略、不同的解决思路、不同的解决材料。这样的问题设计对学生来说更加能拓展他们的思维，激发他们的兴趣。例如：在讲"比较角的大小"时，我们不一定要按照传统的教法去介绍有哪些方法，而是设计这样一个问题："这两个角的大小如何比较？"放手让学生自己思考。

大问题的对立面是小问题。小问题教学设计具有这样的特征：将问题分解为烦琐的点，并且占用较多的课堂教学时间对一个一个小知识点进行讲解。大问题与小问题有着根本的区别：在大问题的教学设计中，学生的主体地位得到了根本的保障，将课堂放手,还给学生。在小问题的教学设计中,学生处于被动接受知识的状态,课堂上只是教师在表演一场独角戏。教师过多、过于频繁地提问,只会让孩子失去自己的思考或者自己的思考被打乱,没有自己思考的空间和时间,直接导致学生的问题思维质量降低。

大问题的教学设计应该是思维空间较大,能够引领整堂课的数学教学,同时朝能够促进学生能力最大化的方向发展。那么,是不是这个问题越大越好？比如"圆的面积如何计算?""什么是正比例关系?"对于这些问题,在短短的四十分钟,学生的能力无法解决,这样提出的大问题意义也不大。所以,以教学目标为基点,以学生的现有能力和接受能力为重要参照,通过有效解读教材去设计问题,才能真正促进学生数学思维的发展。"有效"就成了设计大问题的关键。

二、策略运用

(一)纵深式设问

凡是教学的重点、难点或知识的热点、易混点、易错点,往往是教师难教、学生苦学的大问题。而要解决这个难题,需要教师巧妙设问,将大问题从琐碎却又有关联的小问题中抽离、总结出来。更为重要的是,这个大问题并不是指一个单一的高度概括的问题,而是可以层层推进、逐渐递升的问题串。这就要求教师在教学中巧妙地设问。

巧妙的设问,指的是对问题进行形象的概括和实际的运用,要能理论和实际相结合。教学中设计的问题要能简单易懂,并能对学生的日常生活有所关联和指导。用学生能够听懂和消化的语言提问,给出充分的思考和表达空间,主线问题清晰,且有层次性,由宏观到细节,从规律到认知。有效地设计大问题必须从教材、学生两个维度进行思考,缺一不可。对教材进行全面的解读,把握教学的重点及难点,设计出合理、明确的教学目标,紧紧围绕实现教学目标这个中心,设计课堂问题。设计的问题要有足够的思维空间。

从一定意义上来说,问题的大小和学生的思维空间成正比,越大的问题,就需要越复杂的解决过程,这对学生的思维品质要求就越高,学生在这一过程中的思考空间就大,学生在这一过程中自我生成的想法或者子问题就更少。所以,我们所主导的大问题,就是为了争取最大化地提升学生的思维,要给孩子一定的空间,让孩子自己努力跳一跳就能摘到"桃子",以实现在自我发展能力空间内的最优化发展。当然也要兼顾小学生的生理、心理发展的特点,不能违背身心发展规律而行。

【案例1】"正比例的意义"概念教学课的大问题课堂实录。

教师呈现教材提供的例子,请学生观察6个装有水的圆柱形量杯。

师:把你看到的说一说。发现了什么？

生1:我看到这6个杯子是一样的。

生2:我发现水越来越高。

生3:我发现水越高,体积越大。

师(板书):高度变化,体积随着变化。

师:我们来看看水高和对应的体积的具体数据。

教师呈现数据获取的过程:读出水的高度及对应的体积,并填写在表格里(如表4-1)。

表4-1　图柱形量杯中水高度及对应体积表

高度/cm	2	4	6	8	10	12
体积/ml	50	100	150	200	250	300

师:刚才同学们发现,水越高,体积越大。(教师先指着变化的水,再指着变化的数据)一种量变化,另一种量随着变化,这两种量叫作相依变化的量。通过这些数据,请同学们观察,这两个量的变化有规律吗?

生:有。

师:它们的变化规律是怎样的?(板书:变化规律。)

学生回答时,教师指着数据引导全班学生观察。

生:它们的变化规律是,高是原来的几倍,体积也相应是原来的几倍;高是原来的几分之几,体积也相应是原来的几分之几。

探究变化规律。

师:为什么有这样的变化规律?(教师在"变化规律"旁画上"?"。)

生1:因为他们是同一种杯子,底面积不变。

生2:杯子的体积除以杯子的高得到杯子的底面积,底面积不变,就是商不变,所以……

(案例提供者:中华路小学　杨露)

点评:这节概念课教师用"发现了什么?→有什么变化规律?→为什么有这样的变化规律?"三个问题串联起了主要教学环节,充分发挥了学生的主动性,激发了学生的探索欲望,而且控制好了时间与空间,问题不大不小,突出了实效。

【案例2】数学五年级下册"长方体表面积计算"一课的教学片段。

片段一:诱发思考。

师:昨天,我们认识了长方体和正方体。拿出你准备的盒子,先摸摸长方体和正方体的表面,再互相说说长方体和正方体的特征。

师:如果要你来制作这样的盒子,你准备怎样制作?

生1:在纸上画出长方体和正方体的6个面,再围起来。

生2:在数学书附页上有长方体和正方体的展开图。照样子画下来再围起来。

师:一张纸上(加手势——平面的)画出长方体和正方体的6个面,就能围拢成(加手势——立体的)长方体和正方体吗?

生:对,以前手工制作中做过的。(也有学生在质疑。)

师:有同学不信,可能也有同学在想我们手中的长方体和正方体的 6 个面,摆在纸上会是什么形状,会和书上附页一样吗? 大家想知道吗?

生齐答:想。

师:你准备怎么研究这个问题?

生 1:我想用剪刀把我这个盒子剪开。看一看!

生 2:我想把每个面拓印在纸上。

师:试一试。

(案例提供者:中华路小学　杨露)

上课伊始,教师发掘学生已有的经验,使其初步感受 6 个面的平面图与立体图的关系。"长方体和正方体的 6 个面,摆在纸上会是什么形状? 你准备怎么研究这个问题?"这个问题调动学生的好奇心:自己手中的纸盒展开后会是什么样子? 激发学生探索的欲望并具有一定的挑战性。这样的问题教学设计既兼顾了教学目标,同时指向明确,又留给孩子进行思考的空间。如果问题过于简单,只会让学生与教师的课堂互动流于形式,并且学生在这一过程中并没有真正收获。

片段二:交流互评。

展示学生长方体和正方体的 6 个面展开图,教师组织学生相互评价。

生 1 展示的是 6 个分散的面,如图 4-4。

图 4-4

生评:不便于围。

生 2 展示了 4 个连在一起的面,如图 4-5。

图 4-5

生评:只有 4 个面,根本就围不成一个长方体和正方体。

师:你的想法提示我们剪开后再围一围进行验证。

生 3 展示了 6 个以上的面,如图 4-6。

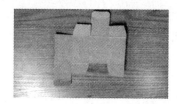

图 4-6

生评:肯定错,长方体和正方体只有 6 个面。

另有生评:不,多出的面是连接部分。(师演示围的过程验证)

师:对,实际操作中,我们要考虑面与面的连接部分。今天为了便于我们研究,连接处暂不考虑。

生 4 展示长方体的 6 个面展开图,如图 4-7。

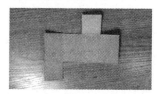

图 4-7

找展开后的平面图与原长方体和正方体之间的关系。

师:你能在展开图中找到原长方体和正方体的 6 个面吗? 并在平面图上标明"上、下、左、右、前、后"。

学生活动,教师巡视并评价:你们能在想象猜测后再进行验证,这真是学习的好方法。

在本次教学过程中,教师非常注重培养学生的动手操作能力,让学生通过自己真实的体验:摸、折、围、剪,在头脑中对问题有了直观形象的认知,然后引导学生在大脑中进行想象,给学生的思考提供了一个有效的支点。学生从对平面图形的认识到立体图形的认识有了提升,对学生建立空间观念的相关概念也是一种提升。

片段三:脱离学具,巩固联系。

出示课件,请学生想象,在展开图中,这些面分别是长方体和正方体的哪些面?

师:我们把长方体或正方体 6 个面的总面积,叫作它们的表面积(揭示课题)。今天重点研究长方体的表面积。

师:继续观察展开图⋯⋯

(案例提供者:中华路小学   杨露)

在这里教师如何提问呢? 首先,在进行教学设计时要考虑问题的思维含量。明确问题设计的目的,只有做到自己心中有"目标",才能提升学生质疑的质量。其次,要明确这样的问题设计,是否可以让学生通过自己的努力解决问题。如果远远超出了学生的能力范围,那样的问题设计只会让学生丧失对学习的信心。设计问题应该致力于从认知、比较、分析、概括等能力培养出发,从而使问题设计对学生更具有启发性。同时,问题设计应从学生的已有认知水平出发,充分考虑学生已有的知识掌握情况、认知发展水平、身心发展状况等,才能够提出有针对性、操作性的问题,才能让学生不仅仅具有想要去尝试的愿望,并且能够通过自己的努力获得成功。

(二)开放式设问

在教学中能激励学生自主学习是学习成效提升很关键的一步,主观能动性的调动能很大程度上降低问题的难度。封闭性提问能减少很多知识混淆点和减轻教师、学生的双向负担,但是对学生的思维发展和创新力都会有所影响。开放式问题给予了学生更多的思考空间和思维发展,头脑风暴下各异的答案直接刺激着学生自己去探索问题的解决和认知。兴趣是最好的老师,而开放式设问能最大程度上刺激学生的学习积极性,从而使师生双方形成教学合力。

我们曾经在教学中引入几何角度比较的问题,相比传统的"比较角的大小"问题,我们选择了这样发问:"这两个角的大小如何比较?"把主动权还给学生,让学生自己去思考、去比较。课堂上讨论异常活跃,学生们通过目测(限于比较容易判断的)、重叠比较、用量角器量度数等方法直观地对角度比较进行了学习。非常令人惊喜的是还有学生提出用直角丈量。他将直尺分别放在两个角张开的地方,在两条边几乎相等的地方测量,把两点间距离度量引用到量角当中来。而这种创新思维在以往的课堂教学中很少出现,教师为这样的设问方式感到惊讶,并对"大问题"教学革新做了进一步尝试。

(三)高效能准备

前面两个策略,一个重在教师,一个重在学生,统统根植在课堂上。而第三项策略,则是要求我们教会学生高效能准备,以最好的状态提升课堂效率。大问题往往是高度抽象和概括的主题,这条隐藏在教学知识难点中的隐形线,在教师剥离和教学的过程中要求学生有高度的效能准备。而这种准备是跨越时间和空间的限制的,对于一个知识点的吸收,除了课堂 40 分钟的专心致志,更需要学生从课前就开始了解,课后深入复习。而这种种准备,可以借助互联网和纸质资料进行准备。在这个"互联网+"的时代,更要求教师在教学上做到抓大放小。在大的知识点上悉心讲授,在学生的吸收和了解上,提升他们的主现能动性和资源调动性。由于"大问题"具有开放性,思维容量大,我们可以尝试选择有思维价值的教学资源,打破 40 分钟课堂格局来设计。

【案例3】在教学"平行四边形的面积"课前,先抛出"平行四边形面积的大小受哪些条件影响?",让孩子们分小组动手实验来证实自己的想法。课堂上,各小组用如下图示做了展示。

1.拉动平行四边形框架,如图4-8。

说明:底不变,高的变化引起面积变化;角度变化引起面积变化。

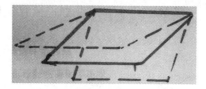

图4-8

2.把两个底相同的平行四边形重叠,如图4-9。

说明:底相同,高不同,面积就不同。

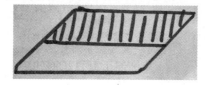

图4-9

3.移动文具盒,如图4-10。

说明:高不变,底的变化引起面积变化。

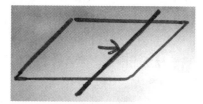

图4-10

4.用4个完全相同的平行四边形展示了底和高同时影响面积的大小,如图4-11。

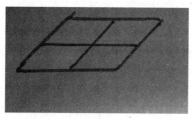

图4-11

同样,前面提到的"圆的面积如何计算?"也可尝试这种处理方式,相信学生会带来更多惊喜。

(案例提供者:中华路小学　杨露)

三、提炼反思

大问题不是粗线形思维方式,而是一个通盘考虑的大系统。在这一系统之中,以某一核心问题为主导,并不预设子问题,而是希望在核心问题主导下生成不同问题。在大问题的解决过程中,孩子们更容易碰撞出思维的火花,在交流中更加容易获得启发。此时的教师,是与个体生命的对话,此时的课堂是教师与学生、学生与学生、学生与问题之间的对话,从而使课程呈现出开放、兼容、多元的态势。

第三节　激励学生大胆质疑

爱因斯坦曾经说过:"提出一个问题比解决一个问题更重要。"世界上许多发明创造都源于疑问。"质疑"是开启创新之门的钥匙。由此可见,"质疑"应成为教学过程中必不可少的环节。小学生学习数学是在原有认知思维的引领下,经历问题冲突、迁移生成、巩固应用等过程,才能真正掌握新知识并应用数学知识于生活中。

一、内涵解读

(一)质疑问难的定义

质疑问难是提出疑难,请教别人或一起讨论。小学生可能是对原有认知和新知识之间的衔接没有弄懂,可能是对新知识的内在结构没有理解,也可能是在方法多种多样的情况下不知道如何灵活选择……

(二)为什么要质疑问难

《课标(2011年版)》中对学生的培养目标在具体表述上做了修改,提出了"四基":基础知识、基本技能、基本思想和基本活动经验;提出了"两能":发现问题和提出问题的能力、分析问题和解决问题的能力;并明确指出:"要启发学生动脑筋想问题,鼓励学生质疑问难,提出自己的独立见解。"对于学生来说,能提出一个有思考价值的问题,发现一种新的解题思路或办法,都是创新意识和创造能力的体现。

然而,数学课堂上的质疑却呈现以下怪象:第一,学生无法提出问题,而导致课堂上的"冷场"想象。第二,流于形式的质疑比较普遍,学生并没有真正动脑思考。第三,质疑的方向脱离了轨道。如质疑的内容与所学的数学知识和数学内容并无任何关联,导致质疑质量的下降。

深入分析原因,我们没有质疑问难的大环境,使学生质疑问难的兴趣不浓;学生质疑问难的目的不明确;学生没有系统的思维方法。

(三)学生质疑思维的原点和思维发展过程

"学起于思,思源于疑",学会质疑是思考的前提,是学习知识的基础。在生活中提炼数学问题,在新知识学习中找到原有知识间的矛盾等方面都可以成为他们问题的源头,疑问是进一步学习的动力,推动着学生朝更深入的方向去探索、去发现。

数学学习过程,其内在本质在于思维实践活动的过程,区别于简单的听和练的动作技能获得的途径,缺少思考的数学教学将会陷入困境和泥潭。基于此,数学课堂教学应在丰富的数学实践活动中,让学生对数学知识进行再思考与再创造,形成学生自己对数学知识的认知,从而使数学思维水平得到提升。

二、策略运用

实际教育教学的过程中,学生是学习的主体,教师起引导作用,我们在教学的环节中,要从数学知识结构出发,把握好学生思维的原点和发展过程,因势利导地帮助他们攀登数学知识的高峰。

(一)激发学生质疑问难的兴趣

心理学家皮亚杰说过:"所有智力方面的工作都依赖于兴趣。"学生有了学习兴趣,才会有主动学习、积极思考的愿望,并且努力去探索事物发展的内在规律。因此,兴趣是最好的老师。教师应该在课堂上充分鼓励学生勇于质疑、敢于质疑的行为,这并不是一味盲目地鼓励学生提出质疑,而是要在鼓励的基础上对学生进行正确的引导,使学生的疑问不脱离该课堂教学知识点的轨道。同时,应兼顾班级"学困生"的实际情况,给他们一点提问和质疑的空间和机会,将课堂真正还给学生。长此以往,学生就会逐渐养成质疑提问的良好习惯。

1.努力营造和谐、民主的课堂。

日本学者佐藤学指出,我们的课堂正在发生一种静悄悄的变革,课堂是教师与学生的平等对话,是学生与学生之间的交流,是学生与文本之间的碰撞。由此可见,教师在课堂中的角色正在发生实质性的变革,学生成为课堂中的主角,成为课堂的主体,教师已经将权威的指挥棒交出,给孩子创造了一个民主、和谐的课堂环境。民主、和谐的课堂给孩子创设一种开放、兼收并蓄的大环境,学生在这样的环境下更敢于站出来表达自己的"奇思妙想",给学生创造性思维的发展插上翅膀,让孩子在数学知识的海洋中畅游。无可厚非,创造和谐、民主的课堂,其实是对教师的更高要求,在熟悉教材的基础上要了解学生,这样教师才能更好地以合作者、促进者的身份带着学生前进。

2.把赏识激励的语言送给每一位学生。

期待效应告诉我们,如果对孩子报有较高的期望,或者足够信任他一定行,那么孩子也会觉得自己很棒,能够达成老师的期待,所以欣赏每一个孩子身上的优点和长处,那么孩子一定会成为那个最棒的自己。每个孩子都需要家长和老师的不断鼓励和肯定,才能在成长路上更加坚定。对于数学中的质疑能力也是一样,每个孩子的质疑能力不可能一开始就达到很好的效果,教师应该顺势而为对孩子进行积极向上的引导,不打击孩子的自信心,那么孩子便能逐渐形成大胆质疑的习惯。对孩子进行赏识的着力点在于发现每个孩子身上的闪光之处,对孩子进行夸奖,让闪光之处更亮,让孩子更加有信心。赏识教育应该是教师发自内心去欣赏、去认定学生的每一个闪光点,公平、公正地对待每一个学生提出的问题,给学生创设一个敢于质疑的心理空间,引导学生由"要我问"向"我爱问"过渡,让学生敢于质疑、用于质疑。

3.积极创设情境激发学生的质疑兴趣。

良好的学习情境将更有利于激发学生质疑的兴趣,所以数学教师在课堂教学过程中应当有意识地创设积极向上的学习情境。

【案例1】在讲"1000以内数的认识"时,教师布置学生在课前数1000个物品,对学生的要求是不仅数的物品要有创意,而且要带到学校来并且便于在课堂上展示。结果上课的时候,孩子们带来的1000个物品令人感到惊喜,每个学生的想法都不一样,有数1000颗黄豆的,有数1000根小棒的,有数1000颗糖的,有画1000个小方格的……教师首先让孩子们互相交流欣赏大家数的物品,孩子们非常兴奋,都主动地向别人介绍自己数的东西。然后请几名同学上台展示,学生们主动地提问、质疑:哪位同学数得最有创意?画1000个小方格这种方法可以吗?可见,学生提出这样的问题来,缘于教师的激趣和创设的良好发问情境,引发了学生的质疑心理,从而想要问个究竟。

(案例提供者:中华路小学　熊茵)

创设情境分为多种形式,利用具体实物让学生动手操作只是其中之一。此外,教师还可以利用多媒体等电子设备创设情境,或引导学生想象,在个体头脑中创设情境。我们创设情境的根本目的,就是激发学生的质疑兴趣,从而学有所思,学有所得。

(二)帮助学生明确质疑问难的目的

质疑目的不清晰将直接导致学生不会质疑,所以,让学生明确提问质疑的目的是先决条件,学生对质疑问难的目的更加明晰以后将会更加有方向去提问。数学教师可以先让学生思考:自己将要提什么问题?提这个问题的目的何在?这个问题是否有它的价值?是不是值得提出来大家一起思考?如果自己认为不需要大家在课堂中一起动脑筋来解决,便不用提出来。"你所提出的问题,你有什么思考?"……在这样一系列问题的辅助下,帮助学生明确自己质疑的目的,减少学生在质疑过程所走的弯路。面对学生所提出的问题,全班在一起讨论,这样的问题是否是真问题,是否具有价值,教师适时进行引导,对学生提出的问题进行指导,这样的质疑将会使班级学生更多地参与到思考中来,更有利于学生思维的发展。

(三)指导质疑问难的方法

古人云:"授人以鱼,不如授人以渔。"教给学生思考的方法永远比单纯地传授知识更重要。在数学课堂教学中,教师既要引导学生勇于提问质疑,又要普及一些质疑的方法,给学生的质疑提供一些方向。如提问应该突出本堂课学习的重点,紧扣本节课所学习的内容进行提问;提问要具有思考的价值,如果所提问题都是自己不用动脑筋或者轻轻松松就能解答的问题,便是思维价值极低的问题,这种问题便没有必要提出来;质疑的内容要明确具体,能够让老师和同学听明白表达的是什么意思。质疑的方法灵活多样,并不是要教师用某一种方法或者几种方法去限制学生的思维发展。质疑最重要的一点应落脚到"价值性"的问题上,有价值的质疑都可以称得上好的质疑,都应该得到教师的充分肯定。

【案例2】在人教版数学二年级下册教材中"整百、整千数的口算加减法"这一内容的教学中,教师先带着学生复习了"数的组成"和"整十数加减法的口算方法",然后设疑:"同学们都知道,我们常常可以利用旧的知识去学习新的知识,那这些旧知识对我们这节课学习新知识有什么作用? 该怎么用呢?"这么一问,学生的兴趣被激起,对学习的热情也高涨起来。此后,当例3的"400+300"等例题一出示,学生就能立刻把新旧知识联系起来,都能清楚地明白:和以往整十的加减法一样,实际上它也是转化为20以内的加减法,只是后面的单位是"百"或"千"。例3的成功掌握,激励着学生很轻易就完成了例4和例5的学习。

可能是这几个例题学得顺畅,学生认识很深刻,到了教学例6"几百几十的加减法"时,就有学生提出了计算"320+40"的另一种想法。他说:"老师,我们可不可以这样想,320+40其实就是32个'十'和4个'十'在相加,等于36个'十',也就是360,所以320+40=360。"这显然是个很有质量的方法,虽然这种想法有一定的难度,计算起来不一定简便,但是它反映出这个学生能把"整十数看成以'十'为单位的数"这一知识灵活地运用到"几百"和"几十"的加减法中,对于他自己来说,这是学习能力的飞跃。

(案例提供者:中华路小学　熊茵)

三、提炼反思

数学学习是小学生思维的锻炼和发现问题、提出问题、质疑假设并解决问题的过程的学习,只有在实际的教与学过程中,不断启发他们去观察,去思考,去发现,去应用,才能让他们将数学与生活紧密结合。在重视发展学生核心素养的今天,需要数学教师在课堂中真正落到实处去培养学生发现问题、提出问题的能力,在此基础上通过学生自己的思考去解决问题。当然,质疑能力的培养并不是一蹴而就的,需要教师和学生的长期努力才能实现,这就要求教师要坚守自己的教育信念,不乱脚步,不忘初心,有目的、有意识、有计划地培养学生的提问能力,培养学生解决问题的能力,让学生在思考中学习,在学习中思考,使学生真正成为课堂学习的主人。

参考文献

[1] 马云鹏,余慧娟. 数学:"四基"明确数学素养——《义务教育数学课程标准(2011 年版)》热点问题访谈[J]. 人民教育,2012(6).

[2] 徐建星. 数学问题设计文化的内涵与构建[J]. 当代教育科学,2007(7).

[3] 张玉泉. 教学智慧与教学方法案例问答[M]. 北京:现代教育出版社,2011.

[4] 中华人民共和国教育部. 义务教育数学课程标准(2011 年版)[M]. 北京:北京师范大学出版社,2012.

[5] 朱海霞,朱德全. 基于问题的数学课堂教学评价标准[J]. 西南大学学报(自然科学版),2007(8).

[6] 左银舫. 教育心理学[M]. 武汉:华中科技大学出版社,2015.

第五章 渗透数学思想方法策略

第一节 数形结合思想

一、概念解读

《课标(2011年版)》一个最大的变化是在原有的"双基"(基础知识和基础技能)基础上,新增了基本思想、基本活动经验,从而拓展到了"四基",旨在培养学生通过学习领悟数学思想,积累数学基本活动经验。相比"知识"和"技能"而言,数学思想方法更是数学这门学科中的精髓所在。数学是一门研究现实世界的数量关系和空间形式的科学,"数"和"形"是其两个基本概念,数学学科大体上就是围绕"数"和"形"这两个概念的提炼、推演、发展而逐步展开的。我国数学大师华罗庚用"数形本是相倚依,焉能分作两边飞。数缺形时少直观,形缺数时难入微。数形结合百般好,割裂分家万事休。几何代数统一体,永远联系莫分离。"这首诗对"数"和"形"的关系做了绝妙的论述。

相互联系的"数"和"形"是可以相互转化的。数量关系和空间形式是数学的两个重要组成部分,把二者结合在一起进行研究,把数量关系用空间形式展示,或者把空间形式用数量关系呈现,这种研究处理问题的思想方法,就是数形结合的思想方法。运用数形结合的思想解决问题,使抽象思维与形象思维有机融合,让问题复杂变简单,使抽象变具体,从而使解决问题的方法优化。

可以说,数形结合思想是数学中最重要、最基本的思想方法之一,是解决许多数学问题的有效途径。

数形结合思想最为核心的内容是将原本对立的"数"和"形"(即代数与几何)两大内容完美结合。其目的就是要培养学生具有一种能力,即判断在何种阶段运用代数方法解决几何问题最佳,或何时运用几何方法解决代数问题最佳。

(一)数形结合有助于知识记忆

记忆是智慧的仓库。良好的记忆力是人们积累知识和经验,形成技能和技巧,培养思维能力,成就事业的重要基础。小学数学知识是基础性知识,只有牢固的基础知识,才能做到温故而知新,熟能生巧,进一步发展数学思维,提高数学能力。学习中运用形象记忆的特点,使抽象的数学尽可能地形象化,可以形象地帮助理解和记忆,学生对输入的数学信息的印象就更加深刻。

(二)数形结合有助于直觉思维

在数学学习中,很多时候学生可以运用直觉思维解决数问题。例如,对问题的"灵感"和"顿悟"。在求解数学问题时,数形结合可以帮助学生运用熟悉的旧知,在整体上对数学信息及其关系进行迅速的识别和准确的判断,进而做出可靠的猜想和合理的假设,并得到相应的结论。

(三)数形结合有助于发散思维

发散思维是一种思维过程。从同一类型的数学信息出发,探求不同的解决思路和方法,其思维方向可以是从不同的角度、不同的层次看待同样一个问题。教师在教学活动中通过数形结合思想,借助"一题多解"或"一题多变"等形式,引发学生提出新的看法和新的方法,表达不同的见解,达到对知识融会贯通的目的,从而发展学生思维的灵活性和广阔性,激发学生的求知欲,提高学生解决问题的能力。

(四)数形结合有助于创造性思维

在数学教学中,教师可以提供一些探索性的题目,让学生自由地去研究、探讨。但这种研究不是从已有的思维形式和思维方法中去找答案,而是去分析问题的本身,再利用数形结合思想,进行探索性的数学思维活动,找出可供选择的一种或多种解决问题的思路,进而从中甄别、筛选出解决问题的恰当方法。由此,可以发展学生的创造性思维。

因此,数形结合思想在小学数学中的意义重大,在数学中应用广泛。

二、教材体现

纵观整个小学数学教材,从一年级到六年级,教材的编排和学校的课堂教学都在千方百计地创设情境、化抽象为具象,目的就是想用尽可能直观的方式呈现抽象的数学问题。但不可否认的是,现在小学数学教育存在一个现实问题——儿童的逻辑思维能力相对较弱,但在学习时又必须直面数学的抽象性。于是,在教学抽象的数学问题时,教材往往都借助数形结合思想中的图形直观手段,这给教师提供了化难为易的教学方法和行之有效的解决方案。在小学数学中,数与形不能完全分离。例如,从数的认识到数的计算,再到比较复杂的解决问题,理解和分析时经常都要借助图形语言。再如,几何知识的教学,很多时候只凭表面直观看不出特点,这时就要借助数来表示,如标记角的度数、边的长度、图形的周长和面积等。换句话说,小学数学中形也离不开数。

数形结合思想主要以"以数表形"和"以形表数"两个方面在数学中体现。"以数表形"就是借助数的精确性、程序性和可操作性的特点来阐明形的某些属性。"以形表数"则是借助形的几何直观性来阐明某些概念和数量之间的联系。数形结合在小学数学的各个领域有广泛应用:在数与代数方面,我们通带利用"形"作为直观工具帮助学生学习,比如,数量关系常常借助线段图直观体现,由抽象转化为形象;在空间与图形方面,几何形体与代数公式的完美结合是这个部分内容的突出特点,更是数形结合思想的典型体现;在统计及其相关概念中,统计表与图的结合使统计更为直观精确;而概念与图像的结合使概念更加便于理解。此外,在实践与综合中,数形结合是解决实际问题和复杂问题的重要手段与方法。

三、策略运用

恩格斯说:"数学是研究现实世界的量的关系与空间形式的科学。"数学学习,绝不是单纯的数的运算和形的研究,更主要的是运用数形结合思想解决问题。在解决数学问题时,数形结合思想就是寻找条件和结论间的内在联系,借助形去思考数,借助数来研究形。数形结合解决问题的基本模式为:数⇒形⇒问题解决;或形⇒数⇒问题解决。数学研究中,不仅分析信息中的代数意义,还要分析其几何意义,既挖掘代数层面的含义,又揭示几何直观,寻找问题中条件和结论之间的关系,使代数的精确与几何的直观和谐共生。如果学生遇到问题时,能够充分利用这种结合思想,就能够使问题简化,从而解决问题。

(一)真正理解数形结合思想

不是所有的图形、图像都是数形结合中"形",这里的"形"是数学意义上的"形",包含了几何中的图形和图像,与生活中的实物和图片有本质的区别。生活中的"形",只是学生学习中的一种介质,便于学生直观理解,不属于数形结合中的"形"的范畴,比如:分数的认识中,把月饼等物品平均分成 4 份,这样的 1 份就是四分之一,这里的实际物品,并不是数形结合中的"形",因为四分之一与物品的种类、大小、形状、质地无关,换一种物品仍能起到同样效果,所以它是生活中的"形",而非数学意义上的"形"。但是如果把分数加减计算与数轴结合,就建立了数与形的对应,有助于学生对分数加减法算理的理解。如果更换这一个形,将影响结果,这个形不能被其他形全等替代,这才是真正的数学意义上的数形结合。

（二）以形助数，以数解形，数形结合

1.在理解算理过程中渗透数形结合思想。

【案例1】分数乘分数可以这样理解。

比如：$\frac{1}{5} \times \frac{3}{4}$。

分数乘分数计算是比较容易的，但要学生明白算理却并不容易。"分数乘分数，用分子相乘的积作分子，分母相乘的积作分母。"为什么？联想到分数的计算可用几何直观图表示，那么就相对容易一些了，如图：用这样两幅图分别表示出 $\frac{1}{5}$ 和 $\frac{1}{5} \times \frac{3}{4}$ 的含义，如图5-1。

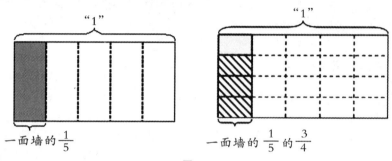

一面墙的 $\frac{1}{5}$ 　　　　一面墙的 $\frac{1}{5}$ 的 $\frac{3}{4}$

图 5-1

（案例提供者：中华路小学　申虹）

数形结合的过程使学生看到算式就会联想到图形，看到图形就能联想到算式，更加有效地理解分数乘分数的算理。这样让学生亲身经历、体验，促进了学生对分数乘法算理的理解。

【案例2】$\frac{1}{2} + \frac{1}{4} + \frac{1}{8} + \cdots =$

此题很难用小学的知识直接计算，因为它有无穷多个数相加，如果是有限个数相加，用等式的性质进行恒等变换可以计算。从题中数的特点来看，每一项的分子都是1，每一项的分母都是它前一项分母的2倍，或者说第几项的分母就是2的几次方，第 n 项就是2的 n 次方。联想到分数的计算可用几何直观图表示，不妨构造一个面积是1的正方形，如图5-2所示。先取它的一半为 $\frac{1}{2}$，再取余下一半的一半为 $\frac{1}{4}$，如此取下去……当取的次数非常大时，余下部分的面积已经非常小了，用极限的思想来看，当取的次数趋向于无穷大时，余下部分的面积就趋向于0，因而，最后取的面积就是1。也就是说，上面算式的得数是1。

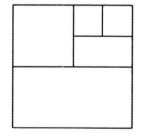

图 5-2

（案例提供者：中华路小学　吴茜）

2.在教学新知中渗透数形结合思想。

【案例3】教学质数、合数概念时,教师可以这样操作。

师(出示图5-3):用3个边长为1的正方形,你能用它们拼出一个长方形吗? 你拼的长方形是什么样的? 有几种不同的拼法?

图 5-3

师(出示图5-4):4个小正方形呢?

图 5-4

师(出示图5-5):12个小正方形呢?

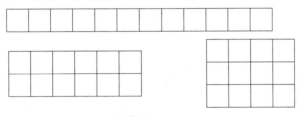

图 5-5

在操作活动中,表示正方形个数的数正好与质数、合数的概念有关。通过操作,学生发现表示正方形个数的数只有1和它本身两个因数的时候,只能拼成一个长方形;当这个数除了1和它本身两个因数外,还有别的因数时,拼得的长方形的个数不止一个,由此学习质数、合数的概念。

(案例提供者:中华路小学 陈灯)

【案例4】长方体可以这样认识。

学生认识了长方体后,在计算有关特殊长方体的表面积或是棱长之和等问题中,常常纠结于计算哪几个面,学生如果只是简单背出了长方体的有关特征,那么对具体如何运用则仍不知所以然。所以,在教学"长方体的认识"一课时,在进一步认识长方体的过程中,先出示6,12,8三个数,让学生从这三个数字中找出长方体的面、棱长、顶点的特征,学生通过小组合作,找出长方体的特征:6个面,12条棱,8个顶点。长方体的6个面中有两个相对的面是相同的(当有2个相对的面是正方形时,会有4个面相同),12条棱中有4条相对棱的棱长相等(当有2个相对的面是正方形时,有8条棱的棱长相等),学生在把握了三个数与长方体特征之间的联系后,就会更容易地求长方体的表面积和棱长之和。

(案例提供者:中华路小学 申虹)

学生通过观察数和图形之间的关系，从看似复杂的图形或具体情境中的实物中抽象出"数"，找准"数"在问题中表示的具体含义和作用，了解数字所代表的几何信息，再借助代数的精确运算（例如代数算式）解决几何问题（如求几何体的表面积、总棱长、体积等）。这样，学生们在"见形"的过程中有目的地去"思数"，在"思数"的过程中用"数"表"形"。这样的训练不但能提高学生的联想能力，又可以为解决问题找到行之有效的方法。例如，在例子中，学生看到6，8，12，根据经验能联系到长方体的各个部分：顶点、棱、面，即刻在头脑中建立长方体的模型。像这样渗透数形结合思想的教学方法，既培养了学生的数感，又让学生体验到"数形结合"带来的便利。

3.数形结合思想应用的有机拓展。

在中小学数学教学中，数形结合思想中的"以形助数"应用比较普遍，例如，小学数学中的位置与方向、数轴表示数等内容，中学教材中的函数图像等。但"以数解形"应用的情况不多见，小学阶段常用的就是计算图形的周长、面积和体积。教师应该在日常工作中于小学几何的范围内继续深入发掘素材，在学生掌握知识的基础上进行适当拓展，让学生有机会接触更多更有价值的数学问题，丰富学习的资源。

【案例5】两个完全相同的长方体礼品盒（如图5-6所示），怎样包装所用包装纸最省？（接头处忽略不计。）

图 5-6

这是比较典型的小学几何问题，具有较强的探究性和规律性。一般方式是给学生学具，学生通过操作发现有几种包装方法，再计算具体数据，然后比较出大小，得到最佳答案。但如果不进行任何操作，也不进行具体数量计算，用代数思想能否解决问题呢？答案是肯定的，可以这样进行。

所谓求包装纸最省，实际上就是求组合体的表面积最小，也就是求怎样拼成的大长方体的表面积最小。首先，观察原来的长方体都有6个面，两个这样的长方体拼成一个大长方体后仍有6个面，但这6个面的面积实际上就是原来长方体的10个面的面积，现在的面中有2个面是原来长方体的面，而另外的4个面为原来的4组相同面（即8个面）拼成的，原来剩余的2个面拼组之后被完全遮住，所以原来的两个长方体的表面积之和与大长方体的表面积并不相等，而是用原表面积和再减去被遮住的2个面的面积和。原来2个长方体的12个面的面积和是一定的，但减少的2个面的面积和是不确定的，因而大长方体的表面积的大小，取决于减去的（拼在一起的）2个面的面积和的大小，这2个面的面积和越大，大长方体的表面积就越小。假设长方体的长、宽、高分

别为 a、b、c，并且 $a > b > c$（只要给出 3 个数的大小顺序便可，谁大谁小并不影响用代数方法计算的过程和结论）。根据已知条件可知 $ab > ac > bc$，所以把最大的两个侧面贴在一起包装最省包装纸。公式可概括为：$S = 4(ab + bc + ac) - 2ab$。

（案例提供者：中华路小学　申虹）

四、提炼反思

任何事物都具有两面性，"数形结合"具有直观、形象的鲜明特点，可避免复杂的计算和证明。然而，它并不是"万能"的。

1. 知识本身的难度大。

从知识的角度来观察，学生对数形结合的理解和运用主要集中于两个方面："由形表数"或"由数表形"。学生对"由形表数"，即看图写数这一类题的掌握程度，远远高于"由数表形"，即看数作图类的问题。在常规思维模式下，"顺向思维易，逆向思维难"这一情况是普遍存在的。这也许就是解释为什么学生看图列式比看式作图完成得好的答案。

2. 图形精确性差。

图形虽然形象、直观，但它只是解决办法的一个部分，而不是全部，甚至有些图形本身可能就有误差，会影响解决问题的效率。图像的直观性可能使我们失去了计算的精确性，解答的简洁可能使我们失去了深刻反思的机会。

但是，我们不能因此就忽视了数形结合的作用。在数学的发展过程中，人们常常利用数形结合或数形转化的思想来研究问题。在平时教学的过程中，我们一方面不能片面地夸大数或形的作用，另一方面要根据知识点和学生的实际情况，渗透"数形结合"的数学思想，让学生在日常的训练中感悟数学思想，丰富思维训练，从而促进学生的思维发展。

第二节　数学建模思想

一、概念解读

模型就是为了批量生产某一类产品而专门制作的"模子"。而对数学模型还没有一个统一的、准确的定义，但比较一致的认识是：数学模型是用数学语言概括地或近似地为一种特殊目的而做的一种抽象的、简化的数学结构。具体来说，数学模型就是为了某种目的，用字母、数字及其他数学符号建立起来的等式或不等式，以及用图表等描述客观事物的特征及其内在联系的数学结构表达式。数学建模，就是建立数学模型并用它解决问题这一过程的简称。

《课标（实验稿）》指出，数学模型可以有效地描述自然现象和社会现象，数学课程应体现"问题情境—建立数学模型—理解、应用与拓展"，让学生亲身经历将实际问题抽象成数学模型并进行解释和应用的过程，进而使学生获得对数学理解的同时，在思维能力、情感态度与价值观等多方面得到进步和发展。这无疑就是要求我们把学生学习数学知识的过程当作建立数学模型的过程。同时，由于数学是在实际应用的中产生的，要求学生能把实际问题归纳或抽象成数学模型加以解决，因此我们要解决实际问题就必须建立数学模型。例如，牛顿万有引力定律就是数学建模的一个光辉典范。可以这样讲，只要有数学应用的地方，就有数学建模。

二、教材体现

如人教版数学三年级下册"长方形的面积"一节，教材通过操作、探究，让学生初步认识长方形面积计算方法；再通过举例验证，归纳总结出长方形面积计算的一般方法；最后应用发现的公式模型去解决问题。通过验证多个长方形的面积与长、宽的关系，学生能得出长方形的面积计算的一般方法。这样由公式转入具体的计算，既是一种演绎推算，也是数学模型的应用。再如人教版数学五年级上册"方程的意义"一节。我们上课时可以由天平引入，再用倒水的故事得到等量关系式，从而从中抽象出数学上的等式，即方程。这样一步步由"天平→文字→关系式→数学符号"表达的等式，都是在帮助学生建立方程这种数学模型。这是一种模型化的过程，也是学生参与再创造的过程。通过教学过程的展开，学生可以充分体会这种模型思想。

三、策略运用

新课程改革强调要重视学生已有的经验，使学生体验从实际背景中抽象出数学问题、构建数学模型、寻求结果、解决问题的过程。因此，就其教学实施的一般程序而言，教师先行琢磨，学生在体验和感悟中建模是小学数学建模教学的关键所在。

小学生如何自己进行数学建模？

（一）理解问题的实际背景，精选好问题，判断属于什么模型系统

数学的发现和发展过程，也是一个应用的过程。建立数学模型思想需要以现实生活作为原型，让学生的学习过程是一个探索的过程，也是一个再创造的过程。也就是说，有些模型是可以由学生进行再创造的。同样，如人教版数学五年级上册"方程的意义"，方程对五年级学生来说过于抽象，学生理解这个学习内容有一定的难度。研读这节课时，教师不妨把它放在方程的意义、等式的性质、列方程解决实际问题的单元体系中，仔细推敲、反复思考：方程的核心内涵是什么？从而发现相等关系是学习这一单元

内容的核心,方程是等式,等式的原型是生活现象中的相等关系,于是重组教材:先通过天平平衡现象引出相等关系,再让学生寻找生活中包含相等关系的例子,充分体会数量间的相等,为学生认识方程的本质积累丰富的感性认识。随后,教师让学生用数学式子表示相等关系,用"="连接相等关系间的数量。当数量是已知时,直接用具体数据表示;当数量是未知时,用字母表示。这样逐层抽象,可以有效地帮助学生感受等式的结构,并深入理解等式的意义。最后,引导学生观察等式并进行分类,学生很容易发现有的等式只有具体数据,有的等式含有未知数据,从而引入方程的概念。这样的教学就抓住了方程的核心本质——相等关系,从生活中的原型入手重组教材,加深了学生对方程概念的理解,从而构建了方程的数学模型。

【案例1】教学人教版数学三年级下册"小数的初步认识"时,如何帮助学生在学习中突破"小数的认识"这一难点,我们进行了如下教学尝试。

上课伊始,教师出示超市的一些物品及其价钱:钢笔 12 元、笔记本 3 元 8 角、铅笔 1 元 5 角、橡皮 0.5 元……当"0.5 元"出现后,教师提问:

师:0.5 元是多少钱?

生:0.5 元就是 5 角钱。

(板书 5 角＝0.5 元。)

师:5 角钱与 1 元比,哪个多?

生:1 元。

师(出示图 5-7):如果我们用下面这样的一个大长方形来表示 1 元,你能通过分一分、涂一涂把 0.5 元表示出来吗?

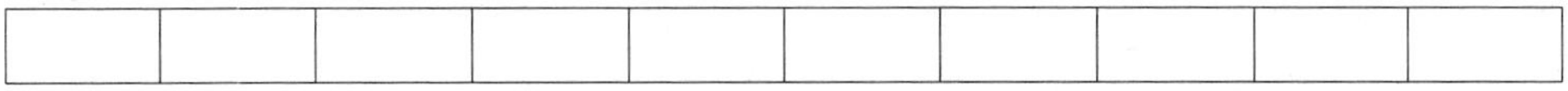

图 5-7

学生涂色并在小组内交流自己的想法,然后小结特点:平均分成 10 份,涂出其中的 5 份。

师:为什么我们涂 5 份就可以把"0.5 元"表示出来了呢?

生:1 元等于 10 角,把这个长方形平均分成 10 份,1 份就是 1 角,5 份就是 5 角。

师:请同学们回忆一下,我们以前学过的什么内容也是可以像这样子平均分一分、涂一涂的。

生:分数。

师:还是这个"0.5 元",用分数表示,大家会吗?

生:十分之五元。

师:数学真的好奇妙,原来 0.5 元也可以说成十分之五元。

师(出示图 5-8):下面我们继续看。

图 5-8

师:老师这里有一个小作业本,它的价钱是0.8元,我们还是用上面这样的一个长方形来表示1元,能把0.8元表示出来吗?

学生继续涂色。

师:大家发现了什么?

学生小结:一个小数对应相应的分数。0.1就是十分之一,0.2就是十分之二……

师:再来看看铅笔1元5角,能用小数表示吗?

生:1.5元。

师:能用图形来表示吗?

生:用2个长方形,第一个涂满颜色,表示1元。第二个平均分成10份,涂其中的5份,合起来就是1.5元了。

师:笔记本3元8角,你会用一幅图来表示它的价钱吗?

……

(案例来源:中华路小学　袁丽)

上面的教学围绕小数和十进分数知识间的内在联系展开,教师让学生经历探索过程,先动手操作,将长方形等分、涂色,借助直观图示,建立起一位小数的"直观模型"。此外,教师通过这种形象的"直观模型"搭建了小数和分数之间的桥梁,帮助学生实现数学抽象,也为后续学习两位小数、三位小数以及小数的意义提供了强有力的支持。

(二)把复杂的情境经过分析和简化,确定必要的数据,把握好过程

在建立数学模型的过程中及时梳理知识体系,力求用简明的符号、图表等比较清晰地帮助学生构建数学模型。学生只有理解和掌握了数学符号的内涵和思想,才有可能利用它们进行正确的运算、推理和解决问题。

【案例2】人教版数学四年级"用字母表示数"一课,笔者看到一位教师这样设计教学:

课件出示:(1)失物招领:本人在商场捡到一个钱包,里面有人民币a元,请失主到商场管理处认领。教师利用学生熟悉的生活情境,帮助理解a元可以用来表示钱数,用字母表示数是一种生活需要,从而体会用字母表示数的必要性。(2)运用对"$a+b=b+a$"的理解引出字母可以表示任意数、未知数。教师在教学环节中,设计了回忆运算定律、猜数、猜年龄等活动,引导学生经历和体验用字母表示数的过程。

(案例提供者:中华路小学　钟吉红)

在上面的教学中,教师利用听、猜、说、议、练等多种学习活动,重视学生符号感的培养,抽象出用字母表示数和数量关系这一重点内容,从而使学生经历了数学模型的建构。

【案例3】又如,教学乘法分配律"$(a+b)\times c=a\times c+b\times c$",这不仅是单纯的字母公式,适用于简便计算,更是一类数学问题。因此,在教学中我增设解决问题环节:(1)文具店里一块橡皮 1.2 元,一个作业本 1.8 元。小明买 8 块橡皮和 8 个作业本,需要多少钱?
(2)街心花园原来长 60 米,宽 20 米。规划进行扩建,把宽增加 30 米,长不变,扩建后的街心花园一共有多少平方米?(3)甲、乙两辆汽车同时从东西两地相向开出,甲车每小时行 56 千米,乙车每小时行 48 千米,两车在离中点 32 千米处相遇,求东西两地的距离是多少千米。设计用"购物问题""面积问题""行程问题"等一系列不同问题,层层深入,逐级递进。学生经过独立练习思考、小组交流、全班讨论,这样能更深入地理解"$(a+b) \times c = a \times c + b \times c$"这一模型在具体问题中的不同应用以及内在联系,这些问题虽然问题情境不同,但等量关系是一样的,都可以用一个含有字母的式子"$(a+b) \times c = a \times c + b \times c$"来表示,从而提炼出解决这类问题的数学模型。

(案例提供者:中华路小学 钟吉红)

因此,教学中教师应引导学生用多种感官参与自主探索,从而构建出人人都能理解的数学模型。

(三)解决问题,拓展应用数学模型

小学数学教学中的数学建模活动,关注的不仅仅是结果,还有建模的过程,更多的是让学生通过具体问题的解决,经历观察、发现、概括等活动,感悟模型思想,培养学生的思维能力、创造能力。

1. 立足课堂教学,在自主探究中体验数学建模的方法。

【案例 4】如人教版数学四年级下册"三角形三边的关系"教学片段。

学生动手围三角形,探究三角形三边的关系。

(1)用小棒围三角形。

师:围一个三角形需要几根小棒?给你 3 根小棒,一定能围成三角形吗?

生:能。

生:不能。

师:(出示信封)信封中有 3 厘米、4 厘米、5 厘米、8 厘米、9 厘米的 5 根小棒,每根小棒上标有小棒的长度。下面我们进行一个围三角形的操作活动。

活动要求:

①每次任选三根小棒围一围,看能不能围成一个三角形。

②小组合作,一个同学动手围,另一个同学做好数据记录。

③活动时间为 8 分钟。

学生进行操作活动。

(2)分组汇报操作活动的情况。

师:谁来说一说你们围三角形的情况?

生 1:5 厘米、8 厘米、9 厘米的三根小棒能围成三角形。

生 2:3 厘米、4 厘米、8 厘米的三根小棒不能围成三角形。

生 3:3 厘米、4 厘米、5 厘米的三根小棒能围成三角形。

生4:3厘米、4厘米、9厘米的三根小棒不能围成三角形。

……

师:是不是任意三根小棒都能围成三角形?

生:不是。

(3)再次探究围成三角形的条件。

……

(案例提供者:中华路小学　钟吉红)

《课标(2011年版)》指出:"学生应当有足够的时间和空间经历观察、实验、猜测、计算、推测、验证等活动过程。"在这个教学片段中,学生经历了观察、操作、分析、比较、交流、验证的学习过程来探究三角形三边的关系,不仅培养了学生的动手操作能力和策略意识,同时让学生在自主探究、体验数据分析中构建出数学模型。

2.联系生活实际改编或者增加教材习题,使建模、用模成为解决问题的一种自觉行为。

教师在课堂教学中可以增加联系生活实际的习题,以激发学生的学习兴趣,调动学生学习的积极性,引发学生的数学思考,从而使建模、用模成为学生解决问题的一种自觉行为。

【案例5】教师在人教版数学四年级下册"三角形三边的关系"增加了这样的课后习题:姚明身高2.26米,腿长1.3米,有人说他一步能走3米。你相信吗?那他一步能走多长呢?学生根据本节课的知识,得出:他走路时两腿和地面围成一个三角形,两腿相当于三角形的两条边,$1.3+1.3=2.6$,$3>2.6$,根据三角形任意两边的和大于第三边,他不可能走3米。他能走2.6米吗?学生继续探究。教师让学生做一个走路迈步的动作,走路时两腿与地面一般形成一个顶角是锐角的等腰三角形,步子再大也不会两腿与地面成一个等边三角形,所以姚明走一步要比1.3米短一些,大约是1米左右。学生自觉把生活实际问题与三角形三边的关系联系起来,用构建的数学模型解决问题,进而得出科学的结论。

再如,将教材习题"从一点画一条已知直线的垂线"改成"修一条到公园的小路,怎样最近?"。教师在构建了"鸡兔同笼"问题的数学模型后,结合生活实际让"数学回归生活",出示问题:"商场停车场停放着自行车和三轮车,一共60辆,车轮共120个。停放的自行车和三轮车各多少辆?"

(案例提供者:中华路小学　钟吉红)

3.在问题解决过程中建构数学模型,感悟数学模型的价值。

对于学生而言,学习过程是一个不断面对新知识的过程,学习新知识可以利用已有的知识,在问题解决过程中建构数学模型,把未知转化为已知的知识。

【案例6】教学人教版五年级上册"植树问题"一节时,教师进行了如下的尝试教学。先出示问题:公园管理处计划在一条长20米的小路一边植树,每隔5米植一棵,一共要植多少棵树？结合生活实际经验引出植树问题的三种不同情况。设计了这一开放的问题后，教师把主动权交给学生，让学生动手操作，任选一种情况，用摆一摆、画一画、算一算的方法来自主探究，在摆的过程中侧重理解间隔；在画的过程中侧重理解间隔数，直观形象地感知、理解全长与间隔数之间的关系；在算的过程中感知间隔数和棵树之间的关系；接着在学生已经有所发现的基础上，再类比归纳、总结填表，进而构建模型；最后出示队列图、纽扣图、剪绳子图，用生活中丰富的问题模型，进一步深刻理解植树问题的本质，整个过程让学生经历"问题情境—建立模型—应用拓展"，从而能运用所学知识恰当地解决实际问题，感悟数学模型的价值。

（四）小学数学建模教学宜多活动，多体验，低起点，小步子

小学学生年龄小，根据其身心发展水平和认知规律，已经掌握的知识结构，小学数学建模教学宜"多活动，多体验，小步子，低起点"。多活动、多体验，就是要精心设计问题情境，让学生动通过眼、动脑、动口、动手等方式最大限度地参与学习过程，尽可能多地调动多种感官进行自主学习、合作交流、质疑问难等数学学习活动，引导学生在活动中获得知识，构建模型，引领学生在体验中发展。小步子，就是遵循由浅入深、由简单到复杂的原则，引导学生在经历知识形成过程的同时，感悟数学思想中的建模思想，最终达到课程标准的要求。低起点，就是根据小学生的现有认识水平与课程标准的要求，适当降低教学的难度与要求，让全体学生都能参与教学活动，提高学生的参与度和学习的有效性。

四、提炼反思

小学数学建模思想的形成是数学能力和其他各种能力协同发展的一个综合性过程。《课标（实验稿）》指出："教学活动是师生积极参与、交往互动、共同发展的过程。有效的教学活动是学生学与教师教的统一，学生是学习的主体，教师是学习的组织者、引导者与合作者。"因而，在数学教学过程中渗透数学建模思想，会使学生体会到数学并非只是抽象学科，进而对数学产生更大的兴趣。同时，通过建模教学，学生不仅可以加深对数学知识和方法的理解与掌握，深化知识层次，还能体会到将数学建模思想与数学方法结合起来解决实际问题的有效与简便，体现出数学课要以学生为主体的教学观。

综上所述，在数学课堂教学中，教师应逐步培养学生数学建模的思想、方法，在学生数学思想方法的培养和自主探究能力的提高上做有益的探索与尝试，培养学生良好的数学思维习惯和数学应用能力，为学生的终身学习和可持续发展奠定基础。

第三节　推理思想

一、概念解读

推理是从一个或几个已有的判断得出另一个新判断的思维形式。推理所根据的判断叫前提,根据前提所得到的判断叫结论。推理一般包括合情推理和演绎推理,在解决问题的过程中,两种推理功能不同,相辅相成:合情推理用于探索思路,发现结论;演绎推理用于证明结论。

过去的数学大纲比较重视演绎推理的培养而忽视了对合情推理思想的渗透,课改后的标准又矫枉过正地强调合情推理而淡化了演绎推理的训练。这两种推理对于学生学好数学和学会独立思考而言,都是必不可少的重要能力。《课标(2011年版)》进一步明确了推理的范围及作用,指出:"推理能力的发展应贯穿于整个数学学习过程中,推理是数学的基本思维方式,也是人们学习和生活中经常使用的思维方式。"

数学推理反映的是一种基本的数学思想,也是一种主要的数学方法。在小学数学教学中,教师应重视培养合情推理能力和渗透演绎推理思想。

二、教材体现

在中小学数学学习中,推理思想作为数学的一个重要思想方法,从始至终都有着广泛的应用(如表5-1)。其中合情推理是学习过程中"数学发现"的主要方法,如整数加法以及乘法运算定律的教学就运用了合情推理中的观察、归纳方法,小数、分数的加法和乘法运算定律的教学运用了合情推理中的类比、猜测、联想方法。而演绎推理在小学阶段虽然没有初中数学证明那样严密规范,但是在诸如从长方形面积到平行四边形的面积再到三角形、梯形的面积公式推导,进而解决组合图形的面积问题时,很多结论的推导过程和解题思想方法都间接地应用了演绎推理。

表 5-1 小学数学中推理思想的应用

推理方法		知识点	应用举例
合情推理	归纳	找规律	找数列和图形的规律
		整数运算定律	加法交换律、结合律,乘法交换律、结合律和分配律
		整数运算性质	减法性质、除法性质
		三角形	三角形内角和等于180°的推导
		……	……
	类比	小数、分数运算定律及性质	从整数的运算定律及性质推广到小数、分数的运算定律及性质
		分数的基本性质	从分数与除法的关系以及除法商不变的性质推广到分数的基本性质
		整数读写法	亿以内及亿以上数的读写与万以内数的读写相类比
演绎推理	三段论	多边形	多边形内角和的推导
		面积	长方形、正方形、平行四边形、三角形、梯形的面积公式的推导
		体积	长方体、正方体的体积公式的推导
		……	……
其他推理	选言推理		人教版数学二年级上册"数学广角"中的"猜一猜"
	假言推理		根据概念、性质等进行判断的一些问题
	关系推理		比较大小、等量代换、恒等变换等
	……		……

三、策略运用

在小学数学教材中,有许多看似简单(如要求涂色、连线、比较等类型)但操作麻烦的练习题,这类题仅就问题的解决而言思维难度并不大,操作要求也仅仅是为了使学生完成起来更有趣味一些。如果教师能适当对学生做题的要求更"开放"一些,就能给学生一个更大的推理思维发展空间,为学生的后续学习提供帮助。下面以人教版数学三年级下册中几道练习题的教学引导为例加以说明。

【案例1】涂色不算商。

这道题是学生学习了"除数是一位数的笔算除法"以后的第一道练习题(参见图5-9),通常学生会先运用所学知识算出四道除法竖式的商,再按要求涂色就可以轻松完成。如果计算出商以后仅仅是再数商的位数是两位数还是三位数,那么涂色的操作就没有多大的思维价值。教学中,可把完成的要求开放地设计成:"不算出商是多少,你能通过观察、比较直接涂颜色吗?"学生对这个不算商的要求很感兴趣,很快动脑筋想到只要

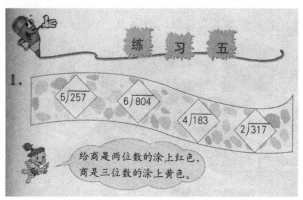

图 5-9

知道商的最高位是十位还是百位,就可以判断出商的位数了,而不必算出商是几。

这时教师可进一步引导追问:"商的最高位是几重要吗?怎样很快知道商的最高位是在什么位上?"学生通过讨论发现,只要比较除数和被除数最高位的数字大小就能确定商的最高位,进而很快确定商的位数。

为了更进一步提高学生的数学思维水平,教师可再一次追问:"如果只改动一个数字就要把两位数的商变成三位数,你有什么好办法?"说到这里,学生的思维被充分调动起来,大家都积极讨论发言,并归纳出:把除数改得与被除数最高位一样大或更小,也可以把被除数最高位改得与除数一样大或更大,就可以做到。

(案例提供者:中华路小学　王雨航)

至此,一道简单的计算题经过教师再三的开放式追问而变得更有思维价值,学生的数学推理能力在一次次讨论、争辩中得到了充分的挖掘和提高,收获也大大增多。随着人类科技的飞速发展,虽然大量的计算和推理都能通过计算机来辅助完成,但人们在解决各种实际问题时的推理能力仍然是非常重要的能力之一。因而,培养合情推理能力仍然是数学教育的主要任务之一。

【案例2】连线不求积。

类似地,有这样一道连线题(参见图5-10)。教师同样提出了一个开放式的问题:"你有什么好办法很快知道哪只小蜜蜂采哪朵花?"

有的学生拿出草稿本很快地演算起来,但也有一部分学生有了前面的学习经验,

思考着"不求积"也能连线的方法，很快通过观察发现：只要判断积个位上的数，就能很快连出 5460，1014，322，2184 四只小蜜蜂所对应的算式，因为它们的个位都不相同。

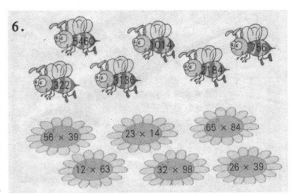

图 5-10

这时，有学生提出 756 和 3136 两只小蜜蜂的个位都是 6，只算个位的方法也不是万能的，还是需要算出积以后再做选择。我进一步启发："想想这两个积的个位虽然相同，但还有什么不同之处呢?"有学生回答说："它们一个是 3 位数，一个是 4 位数。"顺着这样的思路，很快有学生想到：在剩下的没连线的两个算式中，12×63 估算不超过 1000，肯定连 756，32×98 的积在 3000 左右，所以只能连 3136 了。

（案例提供者：中华路小学　王雨航）

这样的推理结论很快得到打草稿演算的学生的证实。看似有学生"偷懒"不计算，但在思考讨论的过程中，这部分学生的思维发展空间更大，合理推理的思维策略在学生头脑中留下了深刻的印象。

数学知识的呈现从小学到中学是一个从简到繁、由易到难的过程。学生先通过观察比较，再合理地猜测，进而大胆探索实践这个过程，是今后学习、理解和掌握数学知识过程中常用的思路和方法。教师应教会学生有意识地通过推理，把繁难的知识转化为简单的知识，把陌生的知识转化为熟悉的知识，这样才能在今后学习中越学越轻松。

【案例 3】比较不寻常。

"怎样买票合算?"是一个比较开放的问题（参见图 5-11），可先让学生自己设计一个购票方案，用算式表示出来，再通过展示讨论，比较出方案的优劣。

有学生设计：全部买团体票 $(3+50)×6=318$（元）。

图 5-11

也有学生设计：老师买成人票为 $3×10=30$（元），学生买学生票为 $50×5=250$（元），一共 $250+30=280$（元）。

单就解题而言,第二种方案无疑更合算一些。问题看似就可以这样解答了,我进一步启发学生:"第二种方案节约的38元是怎样省下来的?"学生经过思考,想到第一种方案中成人票比团体票多4元,成人票买成团体票比单独购票可节省$3×4=12$(元),第二种方案学生票比团体票少1元,50人就要比团体购票节省50元,第二种方案比第一种多节省$50-12=38$(元)。

分析到这里,可再进一步启发学生:"能不能再设计一种方案把两种节省的方法都用起来?"终于有学生设计出"3位老师和7名学生买团体票$10×6=60$(元),剩下的43名学生买学生票$43×5=215$(元),一共$215+60=275$(元)"的最佳方案。

(案例提供者:中华路小学　王雨航)

《课标(2011年版)》在总目标中要求学生能够有条理地思考,这种条理性思考不仅仅要求学生只有一种解决问题的思路,更应该想到能不能把各种方案再重新优化组合,从而得到最优方案。这种先分类讨论、再合情推理的方法的关键是要先分析找出已有方案利弊的原因,进而尝试新的解决方法。如果仅在已有方案的基础上简单加以选择,学生的推理能力是得不到任何提高的。案例中教师适时提出"第二种方案节约的38元是怎样省下来的?"是启发学生运用推理思维思考的一个突破口,"能不能再设计一种方案把两种节省的方法都用起来?"给学生提供了进一步的方向性指导,这一过程虽然是冒险的、有争议的,但学生能在猜想验证的过程中体验到学习数学的乐趣。

四、提炼反思

整个小学教材贯穿着数学知识和数学思想两条线,一明一暗,前者教师可以通过作业、考试及时反馈学生的掌握情况,而后者则需要教师在日常的教学中不断渗透。虽然不能在提高学生考试成绩上起到立竿见影的效果,但这才是学生基本素养得到提升的根本保证。有了推理的数学思想,数学知识就不再是孤立、零散的东西,而是一个由多个知识点有机地连成网、形成面的认知体系。

通过以上三个练习的重新设计和开放式引导,学生有更大的推理思维空间去探索数学的奥秘,更能够从中体会到学习数学的乐趣。

第四节　极限思想

一、概念解读

极限的思想是人类数学文化宝库中的一种重要思想,最远可以追溯到两千多年前。我国古代数学家刘徽的割圆术就是对建立在平面几何上的一种古老而原始的极限思想的应用。而古希腊人发明的穷竭法也蕴含了极限思想。直到 16 世纪,荷兰数学家斯泰文将极限思想进一步发展,他在考察三角形重心的过程中改进了古希腊人的穷竭法,他大胆借助几何直观,勇敢地探索和运用极限思想思考问题。而后伟大的物理学家牛顿和莱布尼茨同时期以无穷小概念为基础创立了微积分,为人类数学的发展创立了新的篇章。到了 18 世纪,罗宾斯、达朗贝尔与罗依里埃等人先后明确地表示必须将极限作为微积分的基础概念,并且都对极限做出过各自的定义。此后国内外的众多数学家不断地为极限思想的发展做出贡献,柯西给出了极限定义,维尔斯特拉斯把极限定义代数化……极限思想的发展与运用也在一步一步完善。

极限思想是近代数学发展的一种重要思想,为人类认识社会起到了促进作用。所谓极限的思想,就是指用极限概念分析问题和解决问题的一种数学思想。如果要概括极限思想解决问题的一般步骤,那就是:对于被考察的未知量,先设计一个与它有关的变量,接着确认该变量无限变化的结果就是所求的未知量,最终用极限计算来得到这个结果。极限思想是现代数学分支——数学分析的重要基础,如函数的连续性、导数以及定积分等都是借助于极限来定义的。高等数学中数学分析就是以极限概念为基础、极限理论(包括级数)为主要工具来研究函数。它为现代数学的发展与应用提供了有力的思想武器。

虽然极限思想那么重要,当今数学教学界也非常重视这种数学思想方法在教学中的渗透,但是在小学数学的实际教学中仍然存在很多问题。比如部分教师对极限思想方法的理解及应用还存在着一定的误差。接下来我们将结合实际教学,论述如何将极限的思想方法应用于小学数学教学之中,提出观点和大家一起探讨与交流。

那么,小学数学为什么也需要极限思想呢?

我们整个数学教材体系从小学的数的认识和运算开始,逐渐上升到中学的方程及函数的认识和应用,再到大学的高等代数与解析几何。教材首先把数字与计算在小学阶段呈现给学生,然后是简单的方程,再在中学阶段让学生把问题中未知的量用数字以外的字母或数学符号表示,根据数量间的相互关系构建数学模型,又先后学习一元一次方程、一元二次方程、二元一次方程、三元一次方程……到了大学,高等代数、解析几何、数学分析、概率学等逐渐为我们揭开数学神秘的面纱,带领大家应用数学知识解决工程和生产中遇到的各种难题。有了这样一个整体上对数学知识体系的把握,我们在小学数学教学中也有必要渗透符号化思想、化归思想、分类思想、函数与方程思想、极限思想、演绎推理思想、统计与概率思想等。

这是一个经典的"借马分马"的故事:有一个老牧民,临终前要把 17 匹马分给他的 3 个儿子。遗嘱写道:分给老大 $\frac{1}{2}$,分给老二 $\frac{1}{3}$,分给老三 $\frac{1}{9}$。老牧民死后,三个儿子都不知道 17 匹马如何来分,因为 $\frac{1}{2}$,$\frac{1}{3}$,$\frac{1}{9}$ 都得不到整数。一位聪慧的邻居牵来自己的一匹马,这时总共就有 18 匹马了,$\frac{1}{2}$,$\frac{1}{3}$,$\frac{1}{9}$ 都可以得到整数,这时老大分得 9 匹马,老二得 6 匹马,老三得 2 匹马,邻居牵着自己的那匹马回去了,人们对他称赞不已。

虽然这个故事比较简单,但邻居的分马方法中蕴含着珍贵的极限思想。这种办法的核心是要把这群马按 $\frac{1}{2}$,$\frac{1}{3}$,$\frac{1}{9}$ 分配后,还余下整体的 $\frac{1}{18}$,因此我们可以借来 1 匹马,分掉 17 匹剩下 1 匹还可以还回去。这实际就是极限思想的一个巧妙应用。

数学来源于生活,抽象整理之后又高于生活,今天我们所论述的极限思想方法是数学分析乃至全部高等数学中必不可少的一种重要方法,也是高等数学与初等数学的本质区别之处。数学分析之所以能解决许多初等数学无法解决的问题(例如求瞬时速度、曲线弧长、曲边形面积、曲面体体积等问题),正是由于它采用了极限等思想方法。所以,我们有必要好好研究,用来促进小学数学的教育教学。

二、教材体现

小学数学教学中已经从以下几个方面加强对极限思想的渗透。

1.无穷大,无限,无穷小。

自然数:0,1,2,3…

奇数:1,3,5…

偶数:0,2,4…

几个数的公倍数。

循环小数。

等值分数。

$$\frac{1}{2},\frac{1}{3},\frac{1}{4},\frac{1}{5},\cdots,\frac{1}{n},\cdots$$

2.无限长,无限。

直线,射线,角的两边,平行线。

圆的面积公式的探索过程。

圆柱的体积公式的探索过程。

3.$\frac{1}{2} + \frac{1}{4} + \frac{1}{8} + \cdots = 1$

0.999$\cdots$

$\frac{9}{10} + \frac{9}{100} + \frac{9}{1000} + \cdots = 1$

【案例1】"圆的面积"的教学。

教学数学六年级上册"圆面积公式的推导"一课时,为了更好地渗透极限思想,我是这样设计的。

师:今天我们来研究圆的面积公式,我们已经学过了一些图形的面积计算公式,比如三角形、平行四边形、长方形等。对于圆的面积,你们有什么好办法计算吗?

生1:可以把圆转化为我们学过的图形。

师:说得非常好,把它转化为学过的图形,那怎么转化呢?

生2:把圆分一分。

教师演示:把圆平均分成了2分,把两个半圆地拼起来,结果还是一个圆。

生3:多分几份试一试。

教师演示:把一个圆分割为完全相同的小扇形从平均分成4个、8个、到16个,并试图拼成三角形、平行四边形或者长方形……

师:经过分一分、拼一拼,你们又有什么发现?

生4:把圆分的份数越多,拼成的图形就越接近于长方形。

课件继续演示:把圆平均分成32个、64个……完全相同的小扇形。教师适时说:"如果一直这样分下去,拼出的结果会怎样?"

生5:拼成的图形就真的变成了长方形,因为边越来越直了。

师:如果长方形的宽相当于圆的半径,那长相当于圆的什么?

生6:圆周长的一半。

师:长方形的面积等于长乘以宽,那圆的面积呢?

生7:圆的面积等于长方形的面积,代换之后,圆的面积等于圆周长的一半乘以圆的半径。

……

（案例提供者:中华路小学　　刘刚伟）

【案例2】"圆柱的体积"的教学。

教学数学六年级下册"圆柱体积公式的推导"一课时,我又是这样设计的。

师:如何计算一个圆柱的体积?

生1:底面积×高。

师:那你们就先借助手中的学具操作一下,看能不能有什么发现。

生2:我发现圆柱可以通过切割拼成一个近似的长方体……

师:怎样切割,圆柱就变成一个长方体?

教师演示:将圆柱的底面平均分成无数多份,它的底面就转化为一个长方形,整个圆柱也就成了一个长方体。

师:还有不同的思考方法吗?

生3:将圆柱沿高的方向切分成无穷多个细长的长方体。

……

(案例提供者:中华路小学　刘刚伟)

【案例3】"圆锥的体积"的教学。

在教学"圆锥体积公式的推导"一课时,我是这样设计的。

师:如何知道一个圆锥的体积?

生1:$\frac{1}{3}$×底面积×高。

师:那你们就先借助手中的学具操作一下,看能不能有什么发现。

学生动手操作。

师:我们在与圆锥等底等高的圆柱中装满水,倒入等底等高的圆锥中,你有什么发现?

生2:我发现与圆锥等底等高的圆柱的体积是圆锥体积的3倍。

师:那我们反过来实验,用圆锥盛水,倒入与它等底等高的圆柱中,你又有什么发现?

生3:我发现圆锥是与它等底等高的圆柱的体积的$\frac{1}{3}$。

(案例提供者:中华路小学　刘刚伟)

在以上的案例中,无论计算圆的面积还是圆柱的体积都应用了极限思想。从2份、4份、8份、16份……"分的份数越来越多"到"这样一直分下去"的过程就是极限的过程,"图形就真的变成了长方形或长方体"就是不断演变下去的最终极限结果。学生经历图像的分割与重构,感悟了极限思想在实际生活中的应用,只有这样才能体现其具大价值。

圆的面积、圆柱的体积、圆锥的体积三个计算公式的推导过程,均采用"化圆为方""变曲为直"的极限分割思路。在几何直观和动手操作中,先观察有限分割,再想象无限细分,学生们根据图形分割与拼合的变化趋势,想象它们的终极状态。这样不仅使学生掌握了圆的面积和圆柱体的体积的计算公式,而且非常自然地在"曲"与"直"的矛盾转化中领会了无限逼近的极限思想。

三、策略运用

极限中的量是不断变化的,且无限地逼近一个确定的数值。教师要在小学阶段把极限思想分化,从教材和生活中的例子进行提炼,让学生逐渐从基础上了解,从本质上掌握这一重要的数学思想。

(一)在教学概念与解决问题中渗透极限思想

在平时的教学中,教师应抓住概念的内涵和外延,逐步辅助学生认识极限思想,在解决问题的过程中,加强审题的训练,从文字分析、图像分析、数量分析几个途径去帮助学生认识极限,理解极限。

【案例4】"循环小数"的教学。

数学五年级的"循环小数"是概念性很强的一节新课,绝大多数教师在教学中知道重视学生的自主探究过程,重视对循环小数的相关概念的教学,但忽视了一个更深层次的问题,即极限思想的渗透。我是这样设计的。

在课上提出一个问题供学生讨论:0.999…和1哪个数大?

有的学生说1大,有的说一样大,这时我们可以这样启发学生理解:

$$\frac{1}{3} = 0.3333\cdots$$

$$\frac{1}{3} \times 3 = 0.3333\cdots \times 3$$

$$1 = 0.9999\cdots$$

有了这样的等式,再引导学生观察:随着小数部分9的个数不断增多,0.999…与1的差距在逐渐减少,而0.999…的小数部分有无穷多个9,那么最终的差会是多少呢?这样使学生认识到差会越来越小,如此下去趋近于0。从而使学生认识到0.999…=1。

我的教学实践证明,学生是可以理解和接受这种办法的。小数部分中无限个9最终趋近于1,这种办法的核心就是极限思想在小学数学中的体现。学生对这种办法的理解过程正是对极限思想的感知过程,我们只有站在更高的层面上,深入浅出地启发、引导学生,才能使极限思想在学生的头脑里生根发芽。

(案例提供者:中华路小学　刘刚伟)

【案例5】行程问题:龟兔赛跑。

在教学行程问题时,我利用学生喜欢的"龟兔赛跑"故事进行改编:兔子和乌龟赛跑,起初乌龟在兔子前100米,兔子每分走10米,乌龟每分走1米,在110米的比赛中,兔子永远追不上乌龟。

兔子比乌龟跑得快,怎么会在 110 米比赛中,兔子永远追不上乌龟呢?学生们感到很诧异,接下来我分析原因:

当兔子走完 100 米的时候,乌龟已经向前走了 10 米,当兔子再向前走 10 米的时候,乌龟又向前走了 1 米……当兔子还没有跑完 110 米的时候,乌龟已经达到终点了,所以兔子永远追不上乌龟。利用这样熟悉的问题,设置认识冲突,让学生认真探究里面的奥秘,能吸引学生的注意力,启发他们的思维,更好地解决实际问题。

（案例提供者:中华路小学　刘刚伟）

案例 4 中的教学,让学生体会到"$0.\dot{9}$"中的小数部分的"9"有无穷多个,到底有多少个,没人能说清楚,但有一点是肯定的:这个数的终极状态就是 1。案例 5 中,学生显然不接受"兔子永远追不上乌龟"这个观点,其实兔子追上乌龟的时间是 $10+1+0.1+0.01+0.001+\cdots\cdots=$（分）,这样的教学可以使学生初步认识"无限"的概念。如此教学不但能激发学生学习数学的兴趣,而且对于发展学生智力、培养学生良好的思维能力是十分有益的,更重要的是渗透了极限的思想方法。

（二）在数学练习中挖掘极限思想

数学学习是一个举一反三的领悟过程。教师在学生学习知识后通常会设计练习,有些教师往往是侧重于对基础知识的巩固,而对于培养学生数学思想方法的练习题的重视程度则相对较低。而学生的数学思想的形成需要不断积累、不断运用。学生通过多种多样的数学练习实现数学思维能力的发展,是数学学习的重要目标之一。因而,教师应在设计练习时注重渗透、挖掘极限思想,从而促进学生数学综合素养的提高。

【案例 6】在商不变性质教学后,拓展练习:$(54÷□)÷(6÷□)=9$。

生:填 7。

生 2:填 2。

生 3:可填 1～9 各数。

生 4:可填任何数,只要相同就可以了。

生 5:0 除外。

师:还有不同答案吗?

……

（案例提供者:中华路小学　刘刚伟）

【案例 7】在学习了分数的基本性质后,教师要求学生在 1 分钟内写与 $\frac{1}{4}$ 相等的分数。

师:你写了几个?

生 1:我写了 4 个。

生 2:我写了 8 个。

生 3:我写了 40 个。

如果有时间让你们继续写,还能写吗?

(案例提供者:中华路小学 刘刚伟)

仔细分析这两个案例,学生很容易找到答案,但学生由于受年龄和认知水平所限,没有准确领悟题的精髓,也就是题中所包含的规律,没有明白题中体现了怎样的数学思想,教师还应该给学生启发、引导、点拨,直到他们学会应用。对于案例 6 中的"还有不同答案吗?"和案例 7 中的"如果有时间让你们继续写,还能写吗?"两个问题,学生很容易答对,但是挖掘极限思想为学生打开了更大的思维空间,为他们进行解题方法的创新提供了可能,不仅培养了他们思维的灵活性,还可以使他们的数学思维能力得到很大的提升。总之,练习的设计不能仅仅着眼于解决问题的方法和找到答案,而且要让学生打开思维的空间,使他们在解决问题中自主领的数学知识及思想方法,从而促进其数学素养的形成。

(三)在数学知识的复习中挖掘极限思想

数学知识是成体系的,我们上复习课就是把平时相对独立进行教学的知识,特别是其中带有规律性的知识,进行横向和纵向的梳理,以再现、整理、归纳等办法串起来,使之框架化、系统化、条理化,进而加深学生对知识的理解和融会贯通。教师在带领学生对数学知识进行复习的过程中,如果注意挖掘其中涉及的极限思想,那么学生的数学思维发展将因此而受益。

【案例 8】小学毕业考试前,教师要带领学生梳理小学阶段的知识体系。在进行几何部分复习的时候,我用推演的方式呈现以梯形为核心的知识结构图:利用极限思想得到三角形的面积计算公式,假设让梯形的上底趋于 0,梯形即趋近于三角形;当梯形的上底趋于 0 时,梯形的面积计算公式就可以用来计算三角形的面积。这样既便于学生吸收和掌握,也便于几何知识体系的系统化。如果从极限的思想来考虑,我们甚至可以把长方形、正方形、平行四边形的面积计算公式都看成是梯形面积计算公式的极限形式。学生乐学,老师乐教,在极限思想的帮助下,我们的教与学也顺利推进。

(案例提供者:中华路小学 刘刚伟)

四、提炼反思

这里所讨论的极限思想从小学数学开始渗透,让学生在理解数学与生活的关系,运用课堂知识解决生活中的实际问题的过程中,不断探索,不断发现,再不断深化。虽然,学生起初很难发现和理解极限思想,但随着年龄的增加和知识的丰富,他们开始理解并能运用极限的思想去解决一些生活中的问题,进而渴望学习更深层次的知识。

综上所述,极限思想是人类社会实践的结晶,是人类思想文化宝库中的珍贵财富。

数学既来源于生活,又服务于生活,我们培养学生的不仅仅是计算能力,更重要的是学会运用数学思想与方法解决实际问题的能力。教材和日常生活中包含极限思想的数学内容很多。在教学中,我们要注重联系教材和学生认知体系,挖掘生活实例,在课堂上不失时机地渗透极限思想,在拓展中举一反三,将数学知识与技能潜移默化地传授给学生。唯有这样,学生收获的才是数学的精髓。学生的教育是一个延续的过程,我们唯有脚踏实地地教书育人,才能不辜负家长和社会的期待。

第五节　化归思想

一、内涵解读

"变"是"化归"思想的内核,其本质在于用"变"的眼光去转化问题。"化归"可以分解为"转化"和"归结"两个部分,这种思想一改直接分析问题进而求解得到答案的方式,将大问题进行转化、剖析成子问题,在迂回、变化、渐进的方式中运用已有知识经验去解决子问题,从而最终解决数学问题。由此可以看出,树立"变化""变形"的理念,善于换个角度去看问题,采用迂回的战术去解决问题是化归思想的旨归。渗透化归思想,应了解化归的四种基本方式:已知变未知、难变易、繁变简、曲变直,从而帮助学生更好地解决数学问题。

有这样一个有趣的数学故事。有人提问:"假设在你面前有煤气灶、水龙头、水壶和火柴,你想烧开水,应当怎样去做?"回答者说:"在壶中灌上水,点燃煤气,再把壶放在煤气灶上。"提问者又追问道:"如果其他的条件都没有变化,只是水壶中已经有了足够的水,那么你又应该怎样去做?"回答者又说道:"点燃煤气,再把水壶放上去。"但是更好的回答应该是这样的:只有物理学家才会按照刚才所说的办法去做,而数学家却会回答——只需把水壶中的水倒掉,问题就化归为前面所说的问题了。这个例子看起来像一个笑话,但是它正好反映出数学解题过程中人们普遍采用的一种手段和方法,也就是通过一系列转换的方法与手段把遇到的新问题转化为过去曾经解决过的问题来解决新的问题。看似将水壶中的水倒掉是没有任何意义的举动,其实却暗藏着数学中的化归思想,就是将未知问题转变为已知问题,将问题简单化、具体化。同时,化归思想还有利于提升学生的思维品质。

因此,在小学阶段将化归思想介绍给学生,让学生掌握这一方法尤为重要。我们不仅要向学生传授基本知识、基本技能,更重要的是使学生掌握更多的数学思想、数学方法。这将有助于学生今后的学习与发展。

二、教材体现

（一）数与代数

数学既源于现实生活，又可以在现实生活中得到丰富和发展。数与代数更是如此，它们基于生活，源于生活，并在生活中得到运用。很多数与代数的问题可以转化成我们熟悉的问题来解决。所以，小学数学教材选取问题的范围大都来源于学生密切接触的现实生活。例如，人教版数学三年级下册第 7 课"小数的初步认识"，是从现实生活入手帮助学生认知小数的。虽然，学生一开始的时候不知道小数这一概念，但是他们在实际生活中肯定买过东西，而商品的价格不全是整数。教材充分利用购物这一情境将三年级学生还不了解的小数知识转化为他们比较熟悉的商品购买问题，并结合学生之前学过的元、角、分的知识，让学生通过价钱更好地认识小数，加深对小数意义的理解。

（二）空间与图形

图形的计算的核心就在于图形的变换，恰当的变化与转化使得图形的计算变得非常简单。学习复杂图形（如平行四边形、五条边以上的多边形等）很重要的一个方法就是将其分解成简单图形，正是这种化繁为简的方法，为学生今后的几何学习打下了一定的方法基础。化归思想大量地体现在小学数学教材中，教师要认真研读教材，透过显性的教学内容挖掘隐藏的数学思想方法，帮助学生学会用化归等数学思想解决数学问题。

三、策略应用

（一）化归思想在小学数学教学中的渗透

在小学数学教学中渗透化归思想，教师可以利用"创设问题情境"的方法。这样有助于提高学生的积极性和学习兴趣。运用化归思想将一些抽象的问题具体化、形象化，使学生更容易理解所要学习的内容。

【案例1】兔子和袋鼠进行跳远比赛，兔子每次可以跳 $\frac{41}{2}$ 米，袋鼠每次可以跳 $\frac{23}{4}$ 米。

它们每秒钟都只跳一次。比赛时从出发点开始，每隔 $\frac{123}{8}$ 米设有一个陷阱，当它们之中有一个掉进陷阱时，另一个跳了多少米？

问题分析：当兔子（或袋鼠）每一次掉进陷阱时，它所跳过的距离即是它每次所跳距离 $\frac{41}{2}$（或 $\frac{23}{4}$）米的整倍数，又是陷阱间隔 $\frac{123}{8}$ 米的整倍数，也就是 $\frac{41}{2}$ 和 $\frac{123}{8}$ 的"最小公倍数"（或 $\frac{23}{4}$ 和 $\frac{123}{8}$ 的"最小公倍数"）。

（案例提供者：中华路小学　张玥）

127

从以上的分析过程可以看出,这个问题的解决过程中包含着对问题进行转变的过程,透过问题的现象看到问题的实质为"求最小公倍数"的问题。因此,教师可以创设一定的问题情境,这样也有利于学生有效习得知识,发展数学思维。

【案例2】平行四边形的面积计算:长方形的面积是长×宽,那么平行四边形的面积该如何计算呢? 在学生剪拼的过程中,教师引导他们把平行四边形转化成长方形,并思考平行四边形与拼成的长方形有什么关系。其实,学生通过将平行四边形拼接、移动转化为长方形这一过程,使抽象的问题具体化,最后得出结论:平行四边形的面积=底×高。

(案例提供者:中华路小学　廖红)

学生将未知的问题转化为已知的问题,最后达到解决问题的目的,实际上就是化归思想的运用。这一过程不仅是一个得到最终答案的过程,更重要的是使学生学会了一种解决问题的方法。学会这一方法之后,学生在今后的学习中碰到类似的问题,便能够轻而易举地解决了。教师的教学不在于教什么,而真正在于怎样教。

(二)化归思想在小学数学解题过程中的渗透

数学学习中一个主要的方面便是数学问题的解决——解题。学生在数学解题过程中尝试运用化归思想,可以攻克很多难关,得到意想不到的效果。

【案例3】学校买了3个篮球和5个足球共付164.9元,已知买1个篮球和2个足球共需60.2元,买1个篮球和1个足球各需多少元?

解法一:1个篮球和2个足球共需60.2元为化归的对象,把1个篮球和2个足球作为1份数是实施化归的途径,3份数:3个篮球和6个足球的价格为(60.2×3)元是化归的目标,与3个篮球和5个足球的价格164.9元进行比较,相差数为1个足球,得出1个足球的价格为(60.2×3−164.9)元 。

解法二:设1个足球价格为 x 元,则1个篮球价格为(60.2−2x)元。根据题意列方程得 $3(60.2-2x)+5x=164.9$。这类问题中,求两个未知数 x,y,其中一个未知数为化归的对象,一元一次方程是化归的目标,把一个未知数用另一个未知数的数量关系来表示是实施化归的途径。

(案例提供者:中华路小学　张玥)

在各类试题的学练中,要用符号思想、模型思想、化归思想等,使学生正确、灵活、迅速地掌握各种运算法则、性质、定律、顺序等,使数学思想成为学生解决各类实际问题的可靠工具。学生在解决问题中体验数学思想方法,运用数学思想方法可以更有效地解决问题。人们不但意识到了化归思想在解题过程中的作用,同时也总结了一些化归思想在解题过程中的使用方法:即把一个实际问题转化,归结为一个数学问题。化归的方法具体可分为数据转化、图形转化、题型转化三大类型,可以说是比较全面地概括了小学数学中的各类化归情况。

四、提炼反思

化归是训练数学思维的基础方法,数学知识和数学思想方法共同构成了数学教学内容,脱离数学思想方法的数学知识将会暗淡无色,缺乏具体数学知识的数学思想方法也将只是空想。但是在数学学习过程中,学生往往由于受自身身心发展水平的限制,更多地关注数学知识的获取,而忽略了获得知识的过程所需的数学思想方法。因此,在数学教学过程中,教师应该依托数学知识,以渗透数学思想方法为重要任务,引导学生在学习数学知识的过程中了解数学思想,并学会将其运用。化归作为一种重要的数学思想,它运用的面比较广泛,教师应该重视这一数学思想的运用,在日常教学中从点滴积累,从细节开始,逐渐培养学生的化归意识和能力。

参考文献

[1][美] Mark M. Meerschaert. 数学建模方法与分析(原书第 4 版)[M]. 刘来福,黄海洋,杨淳,译. 北京:机械工业出版社,2015.

[2] 黄桂林. 转化与化归思想[J]. 数学金刊(高考版),2015(3).

[3] 施琴. 浅析化归思想形成的阶段性[J]. 数学教师,1995(2).

[4] 张景中. 数学传奇[M]. 北京:中国少年儿童出版社,1982.

[5] 中华人民共和国教育部. 全日制义务教育数学课程标准(实验稿)[M]. 北京:北京师范大学出版社,2001.

[6] 中华人民共和国教育部. 义务教育数学课程标准(2011 年版)[M]. 北京:北京师范大学出版社,2012.

第六章　有效设计练习策略

第一节　一题多解

　　《课标(实验稿)》指出:"有效的数学学习活动不能单纯地依赖模仿与记忆,动手实践、自主探索与合作交流是学生学习数学的重要方式。"教学中应尊重每一个学生的个性特征,允许不同的学生从不同的角度认识问题,采用不同的方式表达自己的想法,用不同的知识与方法解决问题。鼓励学生用多样化的策略解决问题,是因材施教,促进每一个学生数学思维发展的有效途径。因此,数学课堂需要从根本上去革新。教师是学生数学活动的组织者、引导者与合作者,学生是课堂的真正主人。数学教学实践证明,鼓励学生一题多解,可以促使学生从不同角度去思考问题,寻求不同的、最优的解题方法,不失为一种培养学生灵活运用知识的能力、发展学生发散性思维、激发学生创新精神的有效方法,故在课堂教学中探索和运用一题多解就显得尤为必要。

一、内涵解读

(一)基本含义

　　一题多解是指在数学解题训练中,教师引导学生就某一问题进行充分思考,从多角度看待问题,用多种方法解决问题,发挥学生的独创性,用尽可能多的途径解决同一问题,以此鼓励学生创新,激活学生思维的灵活性。

(二)理论依据

　　数学思想和数学方法是数学知识应用的根基和源泉。从某方面而言,一题多解体现了数学思想。一题多解的过程,实际上是扩散思维与集中思维密切联系的过程,两者只有有机结合起来才是高效的创造性思维。一题多解教学就是依据"集中—扩散—再集中",集中是思维的起点和归宿,扩散是其中的中心环节,集中是扩散的前提,扩散有利于创造思维的培养,鼓励学生尽可能提出各种解决问题的方案,但创造绝非到此结束,因为扩散的结果绝非都是有价值的,还需对它们进行评价再集中,同时在正确解法中选择最优解,最后总结各种解法的内在联系。可见一题多解是积极的扩散与高度集中的有机结合。

一题多解可以充分扩展学生的思维空间,活跃课堂气氛。课堂上教师的启发和引导会促使学生积极思考,开拓创新,发散思维,寻求多种解题方法,使学生成为课堂的主人。

(三)功能目标

一题多解的教学要求学生在一定时间内要思维灵活地从不同角度分析问题,从多种途径寻找答案,使学生的思维处于一种积极的活跃状态。这对沟通知识、引起多路思维大有益处,也是激发学生兴趣,调动学生学习积极性的有效方法。这不仅能培养学生思维的广泛性、灵活性和创造性,还可培养学生的创新能力,促进智力和非智力因素的同步发展。同时,一题多解也是数学教学的一种重要方法,是在不改变条件和问题的情况下,让学生多角度、多侧面地分析和思考,探求不同的解题思路。突出了学生的主体地位,发挥了教师的主导作用,达到了教与学的最佳结合。

一题多解,在夯实基础的前提下,不断增强发散思维的流畅性。一题多解的解答过程,从不同侧面重温知识,检查对概念、公式的理解是否精确,进而达到夯实基础的目的。知识的积累不断增加,不断发生思维碰撞,使得学生在尽可能短的时间内生成并表达出尽可能多的思维观念,即增强学生发散思维的流畅性。

数学问题总是具体的,而在具体内容中,所蕴含的知识点与其他知识点有着内在的联系,这些联系便是本质。引导学生抓住这个本质,利用一题多解加强知识的沟通,训练学生发散思维的变通性。一题多解帮助学生对题目从不同角度进行分析和观察,发现隐蔽的关系,抓住题中条件和结论之间的联系,从不同的角度去寻找解决问题的多种方法。

(四)适用范围

小学各年级数学教学均可使用,在解决问题的教学中使用效果更佳。

二、操作程序

(一)操作程序

传授－质疑－评价－选择－总结
(集中)　　(扩散)　　(再集中)

(二)具体做法

1. 传授。

传授就是传授基本方法。教师在讲解新课或进行指导练习中,依据课本例题的方法进行教学,或用例题中的基本方法解答练习题。同时,必须让学生理解透彻并能熟练运用这些最基本的方法。

2.质疑。

通过质疑引出多解训练,教师在指导学生理解、掌握了基本方法后,提出一些具有启发性、激励性的问题,激发学生一题多解的欲望,从而活跃课堂气氛。教师利用这一有利时机,引导学生思考,可通过画图、操作、制作等手段帮助学生理解,同时鼓励大家在独立思考后相互讨论、交流、研究,让学生能够兴趣盎然地思考、学习。

3.评价。

经过学生独立思考、讨论交流所获得的解法,不一定都是正确的和有价值的。但是,由于这些都是经过学生积极动脑想出来的,教师首先应予以肯定。在此基础上,引导学生分析哪些解法的思维过程过于复杂,哪些解法思维过程简练、巧妙,哪些是错误的解法,评价解法的正误优劣。对无意义的、错误性的解法及时指出,避免混淆。

4.选择。

选择就是选择最佳方案,一题多解的目的不仅仅是鼓励学生从不同角度思考问题,灵活运用知识间的内在联系来解决问题,更重要的是引导学生从多解中选择最优解,追求解法的简练、巧妙,看哪一种解法既简便又合理,努力把思维简缩到最简练的程度。

5.总结。

通过总结揭示各种解法内部存在的必然联系,教师要引导学生把各种解法之间的内部规律找出来,加以总结,通过高一层次的集中,可使学生的思维水平逐步提高。

三、实现条件

(一)教师要更新观念,建立民主、和谐的师生合作关系

无论培养学生哪方面的能力,都有赖于学生的参与。运用一题多解方式教学,必须更新观念,充分尊重学生的主体地位,恰如其分地发挥教师的主导作用,相信学生,理解学生的情感,为学生创造一种宽松、民主的教学氛围,使每个学生都具有心理上的安全感。把学生看作共同解决问题的伙伴、亲密的合作者,以便在没有外界压力的气氛中,充分展开认识活动,鼓励学生大胆联想,善于从新的观点出发思考问题,以求多解、优解。

(二)教师应认真分析教材和学生,使自己的教学更具预见性、目的性

1.认真备课,注重综合练习题的设计。

一题多解教学,要求教师在备课时对所选题目的解法要做到心中有数,进行全方位思考,要有充分的预见性和应变力,以便恰到好处地发挥教师自身的主导作用,而且教师要站在一定的知识高度,引导学生把各种解法之间的内在联系揭示出来。

同时,在进行一题多解训练时,教师要注重综合练习的设计,不但要设计一些与所讲题目类似或稍加变化的题目,更重要的是要设计一些能联系较多知识的综合性题目,以达到训练学生综合能力,提高练习效果的目的。

2. 在评价过程中,加强分析对比。

一题多解教学的归宿就是引导学生善于评价各种解法的思路,从评价正误到评价优劣,最后到挖掘知识的内在联系。这就要求学生不仅多解、巧解,而且还要教给学生分析对比的思维方法。故在解题训练中,要引导学生对各种正确解法的优劣、依据、意义、联系进行分析、比较、评价、选择,达到简化学生思维过程的目的。

(三)鼓励学生独立思考,大力表扬勇于创新的学生

在进行一题多解的训练过程中,教师要鼓励学生独立思考,大胆探索。对解法正确且有创新想法者要大力表扬,让他们体会到成功的快乐,鼓励他们勇于创新,充分挖掘他们的聪明才智和潜力,使他们从小就接受创新思维的培养,从而满足未来对人才的需求。

四、策略运用

下面列举三个教学片段,简要说明一题多解在计算、几何、应用题的教学中的运用。

(一)数与代数中应用一题多解

【案例1】

师出示:$7+7+7+7+4=?$

师:大家能想想办法很快地计算出这道题吗?

生1:$7×4+4$。(根据乘法意义计算,属于再创造。)

师:还有别的方法吗?

生2:$7×5-3$。(发现一个不存在的"7",带有一定的创造性。)

师:还可以怎样想? 大胆想象。

……

师:大家可以互相讨论,互相启发,看还有没有更好的方法?

……

生3:$8×4$。(把其中一个加数"4"分别拆开加到每个"7"中,对原有数据进行整理,属于创造性思维。)

师:比较上述解法,你认为哪一种更好,为什么?

生4:$8×4$ 这种解法好,因为它很简单。

师:你能找出来这几种解法的共同点吗?

生:有相同加数,就用乘法计算简便。

师:从相同加数入手,把加法转化成乘法,只是几种解法转化的方法不同,其中"8×4"的解法巧妙,简练新颖,但是不容易想到,希望能给同学们启发。

(案例提供者:中华路小学 中红)

一题多解可以根据实际情况,从不同角度启发诱导学生得到新的解题思路和解题方法,沟通不同思路之间的内在联系,选出最佳解题方案,从而训练学生思维的灵活性。

(二)空间与图形中应用一题多解

【案例2】游乐场里有一块长方形绿草地,四周有1米宽的小石路,(如图6-1),计算出小石路的面积。

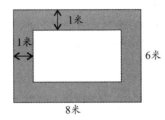

图 6-1

学生做了如下解答:

(1)8×1×2+6×1×2。

(2)(8×1+6×1)×2。

(3)(8×2+6×2)×1。

(4)(8+6)×2×1。

(5)(8-1)×1×2+(6-1)×1×2。

(6)[(8-1)+(6-1)]×2×1。

(7)[8×1+(6-1×2)×1]×2。

(8)(8+6)×2×1-(1×1)×4。

(9)(8-1×2)×1×4。

(10) 6×1×4。

(11) 8×6-[(8-1×2)×(6-1)×2]。

师:这些解法都是正确的吗?为什么?

生1:(1)(2)(3)(4)都是错的,因为没有注意到四个角是重合的。

师:在正确的解法中,你认为哪些解法更好呢?为什么?

生2:(6)较好,解法和计算都较简便。

生3:(9)和(10)思路相同,表达方式稍有不同,利用长、宽数据的巧妙关系,解法非常简练,计算更容易。

生：(11)的解题思路新颖大胆,容易理解,从大面积中减去小面积。

师：当一道数学题目有多种解法时,不管这些解法看起来有多大区别,其内部总有些联系,你能把它们内部的规律找出来吗?

生：不论采用什么方法,关键是考虑转化后的图形的面积是否是小石路的面积,并且要明白长方形四个角是重合的。

（案例提供者：中华路小学　申红）

通过以多种形式的练习,调动了学生的学习兴趣,沟通了知识间的内在联系,更重要的是达到了举一反三、触类旁通的目的。

（三）解决问题中应用一题多解

【案例3】进行分数应用题综合练习时,出示下列练习题。

一名打字员打印一批材料,4小时打印了全部材料的 $\frac{5}{8}$,照这样的速度,剩下的材料还需几小时才能打印完?

师：你认为这道题属于哪一类型的题?

生1：工作问题,求时间。

师：怎样列式?

生1：根据工作总量÷工作效率＝工作时间,列式为:$(1-\frac{5}{8})÷(\frac{5}{8}÷4)=2.4$（小时）。

师：还有其他解法吗?

生2：有,用 $1÷(\frac{5}{8}÷4)-4=2.4$（小时）。

这时,课堂顿时活跃起来,学生纷纷举手。

有的说：用归一法解答可列式为 $4÷5×8-4$ 或 $4÷5×(8-5)$。

有的说：用倍比法解答可列式为 $4×[(8-5)÷5]$。

有的说：按分数应用题去解可列式为 $4÷\frac{5}{8}×(1-\frac{5}{8})$ 或 $4÷\frac{5}{8}-4$。

还有的说：还可用比例解答,设剩下的需用 x 小时打印完,列出方程式为

$(1-\frac{5}{8}):x=\frac{5}{8}:4$。

师：同一道题由于同学们看问题的角度不同,而且能灵活运用所学知识,出现了这么多种解法。比较一下,哪几种解法更好? 为什么?

生：用归一法、倍比法和按分数应用题解的方法好,因为它们不仅思路简练,而且容易理解、掌握。

（案例提供者：中华路小学　申红）

五、提炼反思

学生是学习的主体,不同层次学生的知识体系和思维模式也有着较大的差异,故教学一题多解时不仅要考虑题目本身有几种解法,更应该关注学生的实际情况。在教学设计时教师必须考虑周全,明确学生自己能想到的解法、教学必须掌握的方法、哪些是必须引导的方法,教师必须根据学情做到心中有数,不要成为教师的"解题秀",应努力把一题多解落到实处。同时,还需把握学生能理解的方法就是适合他们的方法,不要强求学生面面俱到掌握每一种解法。贵在使他们在一题多解的分析中思维受到启发,能力得以提升。

一题多解可以培养学生从多种角度、不同方向去分析和思考问题,抓住解决问题的本质,克服思维定式等不利因素,拓展思路,灵活运用知识的迁移;可以使学生正确、灵活、快速地解答万变的问题,以不变应万变。

在日常教学中,鼓励学生对遇到的每一道数学习题做到一题多问,一题多议;在条件和问题不变的情况下从多角度进行分析思考,探求不同的解答,从不同方面多解,他们一定会受益匪浅。无论答案对与错,教师都应积极鼓励他们的奇思妙想,大胆地提出与众不同的意见与质疑,独辟蹊径地解决问题,努力使学生的思维从求异、发散向创新迈进,并体会到多解给自己带来的乐趣。

不仅如此,教师在课堂上一定要给学生充足的时间让他们去自主思考,交流合作,探究问题,最终解决问题。一题多解是学生通过课本知识从原有思维模式向新型思维模式的转变,可以说是一种思维飞跃。一题多解从某种程度上让教师从课堂走到学生身边,将一味地大量讲解转变成学生积极主动参与,积极交流合作探究,教师只在适当的时候予以点拨,学生自己有能力去找到知识之间的内在联系。一题多解是学生解决问题、学好数学行之有效的方法,它让不同层次的学生得到数学学习的体验和思维的提升,享受到解决数学问题的乐趣。

第二节 一题多用

国际著名数学教育家 G. 波利亚说:"找出一个既有趣又好下手的新问题并不那么容易,这需要经验、鉴别能力和好运气,但是,当我们成功地解决了一个好问题之后,我们应当去寻找更多的好问题。好问题同某些蘑菇有些相像,它们都成堆地生长,找到一个以后,你应该在周围找找,很可能在附近就有好几个。"因此,我们提出,在数学练习时,通过一题多用培养学生思维的灵活性,发展学生的多维思维、创造性思维。

一、内涵解读

多维型思维指的是在思维的总进程中,由多个思维指向、思维起点、逻辑规则、评价标准、思维结论组成的多渠道逻辑线索的思维模式,具有网络型特征和主体性特点,思维流畅,不拘泥常规、常法,善于开拓、变异。

一题多用指的是通过题目结构的变式,即变换题目的条件和问题、图形的位置与结构、题目的呈现方式以及对题目进行引申、推广等,也就是一题通过变化,呈现多种用途、多种思路,题目实质并不改变,从而沟通知识联系,发展学生思维。

二、数学思想

拉普拉斯说:"甚至在数学里,发现真理的主要工具也是归纳与类比。"一题多用是运用类比和归纳推理的数学思想方法,通过有层次的各种引申与推广,包括一题多变、一题多问、一题多联、一题多表、一型多用等形式,由一道题变为一类题,再由一类题变为多类题,题题相连,类类相通,串成线,连成片,达到举一反三、触类旁通的效果。

三、策略运用

(一)一题多变让学生在辨析中掌握概念内涵

一题多变的变式练习就是把一个题目进行演变、拓展,使原来的一道题,变成多类的题组,提高学生举一反三、触类旁通的能力。这些变式练习通过对学生的启发、诱导,使学生处于一种愉悦的探索历程中,将所学的知识横向沟通,纵向加深,提高分析与解决问题的能力,培养学生思维的灵活性。

【案例1】这里用名师丁杭缨的"三角形的三边关系"的教学案例进行分析。课件出示题目:在能拼成三角形的各组小棒下面画"√"。(单位:厘米)

(1)3,4,5;(2)3,3,3;(3)2,2,6;(4)3,3,5。

师:谁先来说一说?

生1:第(1)(2)(4)能,第(3)不能。

师:同意吗?

生:同意。

师:先看第一题,谁来说说是怎样想的?

生2:因为 $3+4>5,3+5>4,5+4>3$,所以能围成一个三角形。

师:刚才我们判断的时候每次都把三角形三条边中的两条相加去和另一条比,这样要比三次,有没有更简单的方法呢?

生3:比一次就够了。因为比较短的两条小棒的长度之和大于第三条边,其余两次就不用比了,也肯定符合任意两边大于第三边。

师:谁听明白了,再来说一说。

生4:只要用较短的两条边之和与最长的边比就行了。

教师把这一结论写在黑板上。

师:想象一下这3根小棒围成的会是什么样的三角形呢?

生5:锐角三角形。

生6:钝角三角形。

师:很遗憾地告诉大家,应该是直角三角形(课件展示这个直角三角形)。再来看看第(2)(4)选项,谁能说出你的理由呢?

生7:因为这里的2道题目都符合,较短的两边之和大于第三条边,所以肯定能围成三角形。

师:那第(3)选项为什么不能围成三角形呢?

生7:较短的两边之和小于第三条边,所以不能围成。

师:如果要让这三根小棒能围成三角形,你有什么办法?

生8:把最长的边改短一点,只要比4厘米小,比0大就可以了。

生9:把短的一条边稍微改长一些,只要比8厘米小,比4厘米大就可以了。

师:这几个选项中,我最喜欢第(4)选项:3,3,5。如果调换其中的5厘米小棒,有哪些换法?

生10:2种。

生11:3种。

生12:4种。

生13:无数种。

师:这样吧,我们先来确定一个范围。它必须比谁要大?比谁小呢?

生14:比0大,比6小。

师:你们同意他的说法吗?谁愿意说说?

生15:根据三角形中任意两条边之和大于第三边,我们知道最长边的边长必须比3+3=6小,最短边的边长只要比0大,比如3+0.1>3。

师:太好了,掌声送给这位同学。如果调换其中3厘米的小棒,有哪些换法?

生16:老师,我知道比2大,比8小。

师:你是怎样知道的?

生16:根据三角形中任意两条边之和大于第三边,我们知道必须比3+5=8小,最小的只要比0大,比如3+2.1>5就行了。

师:这里我们就取整数。

接着用课件一一展示 4 种情况。

(案例出自:柳惠军.在平凡的练习中显示不平凡:特级教师丁杭缨"三角形的三边关系"练习处理艺术赏析[J].教学月刊(小学版数学),2012(3):42—43.)

这是人教版小学数学课本四年级下册练习十四的第 4 题,如果仅仅作为一道问题解决了就算了,那么仅仅是一题一个结果,练习形式是封闭的,学生参与练习是被动的。在这一片段中,丁老师不只是让学生简单说说能不能拼成三角形,而是巧妙地利用了这一题的所有选项,使其错误的选项也成为宝贵的学习资源,同时利用数形结合的思想,渗透了"勾三股四弦五"的知识,这样的渗透并不是拔高,而是一种数学的滋养。她接着问:如果让不能围成三角形的三根小棒变得可以围成,有什么办法?一个问题挖掘了这道练习题的功能与深度,这样的一题多用、一题深用为学生的数学思考搭建了平台,点燃了学生的思维火花,引导学生探究互动。

(二)一题多问让学生在联系中建构知识体系

一题多问主要是根据相同的数学信息,提出不同的问题。由于问题不同,解决方法就有所不同。一题多问比较多地运用于复习一个知识板块时,用各种问题涵盖多项知识点,把知识连成线,串成串,最后构建知识网络。

没有问题的数学是枯燥的数学,没有问题的思维是肤浅的思维,在课堂教学中,我们可以把这种一题多问的权利放给学生,更好地发挥学生的主体作用,教师再适时引导,达到知识复习、思维发展的双赢效果。

【案例 2】在复习分数应用题时,我出示了下面一道题:某工厂要生产 600 个玩偶,第一天生产了总数的 $\frac{1}{3}$,第二天生产了总数的 $\frac{1}{4}$,_____? 然后要求学生补充多个问题,最后解答。学生们经过思考讨论,整理出以下问题:

(1)第一天、第二天各生产了多少个玩偶? $600 \times \frac{1}{3} = 200$(个)　　$600 \times \frac{1}{4} = 150$(个)。

(2)第一天比第二天多生产多少个玩偶? $600 \times (\frac{1}{3} - \frac{1}{4}) = 50$(个)。

(3)两天一共生产了多少个玩偶? $600 \times (\frac{1}{3} + \frac{1}{4}) = 350$(个)。

(4)还剩多少个没有完成? $600 \times (1 - \frac{1}{3} - \frac{1}{4}) = 250$(个)。

(5)两天共生产了总数的几分之几? $\frac{1}{3} + \frac{1}{4} = \frac{5}{12}$。

(6)还剩总数的几分之几没有完成? $1 - \frac{5}{12} = \frac{7}{12}$。

（7）第二天比第一天少生产了几分之几？$\frac{1}{3}-\frac{1}{4}=\frac{1}{12}$。

（8）第一天生产的玩偶个数是第二天的几倍？$\frac{1}{3}\div\frac{1}{4}=\frac{1}{3}\times4=\frac{4}{3}$。

（9）第二天生产的个数是第一天的几分之几？$\frac{1}{4}\div\frac{1}{3}=\frac{1}{4}\times3=\frac{3}{4}$。

在请学生充分思考这些问题后，引导学生对比第 2 题和第 7 题、第 4 题和第 6 题，区分具体数量与分率。然后，请学生比较第 8 题和第 9 题，让他们知道虽然都是在比较第一天和第二天生产的玩偶个数，但因为表述的不同导致单位"1"就不同了。

（案例改编自：余育明.小学数学复习课中的"一题多用"[J].广东教育，2005(8)：30.）

这样的一题多问让学生对分数问题进行了系统整合，通过各种概念的联系、各种问题的辨析、层层深入的追问，培养学生全面看待问题的意识，以点带面，由此及彼，活跃思路，拓展思维，使数学思维得以引导和发散。

（三）一题多联让学生在联想中发展数学思维

解题与联想密不可分，在解决问题时，教师可以引导学生带着问题从各个角度进行联想，促使学生的思维向多层次、多方位发散，提高解决问题的能力。一题多联的联想练习能拓展学生视野，使学生思维更广阔，也有利于活跃学生的创造性思维。

【案例 3】在教学了梯形面积后，不妨把学过的几种图形的面积公式进行一下联想：梯形面积＝（上底＋下底）×高÷2；平行四边形就是上下底变得一样长了，平行四边形面积＝（上底＋下底）÷2×高＝底×高；三角形就是梯形的上底变成了 0，即三角形面积＝（下底＋0）×高÷2＝$\frac{1}{2}$×底×高。再如，"平均数"这个概念，在一般应用题中称它为每份数，在平均数应用题中称它为平均数，在归一应用题中称它为单一量。这样的发散使学生巩固了已有的知识，并揭示出各种类型问题之间的联系。

（案例提供者：中华路小学　向维维）

一题多联可以使学生全面看待问题，以点带面。比如，做选择题时，学生往往匆忙找出与题干相符的答案就完事了，对备选答案不大关心，学习效果比较单一。但是，如果教师在讲评时，从备选答案中把所学知识联系起来，通过相近、相似知识的对比，就可以帮助学生全面复习、巩固所学知识。

（四）一题多表让学生在练习形式切换中深化概念

一题多表就是把一个问题运用多种表征手法进行呈现。图示法是非常重要的数学表征手法，学生根据图画编题解答是变抽象为形象，是顺向思维的发展，有利于学生厘清数量关系。接着，学生根据题目或者算式画图是对数量关系及概念的演绎，是逆向思维的发展，有利于学生理解概念，还能让学生在这种切换中建立数学模型。

【案例4】在一年级上册的加法练习中,学生能看图列加法算式,这时教师提出要求:你能发挥想象画出 4+2=6 吗?学生发挥想象画出各种图画表示这一加法算式,特别为了动态表示合在一起,有的学生画了圆圈表示,有的画了大括号表示。接着,教师请学生根据画的图示编一道加法题,学生结合身边的实际情况编题。这一过程让学生表征问题、解决问题的能力都得以发展,特别是对加法的意义有了更深刻的了解。

(案例提供者:中华路小学　向维维)

(五)一型多用让学生在建模中完善思维方法

数学中每一题均源于一个数学模型。解决问题时要让学生能自主建立数学模型,并运用这一模型解决更加广泛的问题。这种一型多用的模型练习是一题多用的延伸,这里不再是一题多用,而是一个模型的多用,这种一型多用可使学生对知识的掌握由浅入深,思维变得更加宽广、活跃。

【案例5】我在教学"鸡兔同笼"问题时,学生已经探索出列表法、方程法、假设法解决问题,初步建立了"鸡兔同笼"这一问题模型。于是,我顺势出示了日本的"龟鹤问题",学生在变换情境、变换数据中仍然很快确定了这一问题的实质仍然是"鸡兔同笼"问题。接着,我又出示了几种生活中的问题:明明有一些 2 元与 5 元的人民币,总金额一共 23 元,请问明明有几张 2 元,几张 5 元?问题情境这次变化更大,学生经过讨论发现,其实这一问题的实质仍然是"鸡兔同笼"问题,因此很快运用假设法加以解决。这一系列的练习是"鸡兔同笼"问题这一数学模型的多用、巧用,让学生在建立数学模型后通过这一组练习理解更深刻,引导学生思辨。

(案例提供者:中华路小学　吴茜)

四、提炼反思

一题多用的练习形式生动开放,使抽象的、枯燥的数学变得生动有趣。一题多用沟通了知识联系,学生的眼光从一个小知识点扩展到一个类型的知识,最后搭成数学知识的框架体系。一题多用能让学生通过对题组的思考,从不同角度,根据不同结构、和不同联系去探索问题,以及改变条件或者自主提出问题,通过多个思维指向、思维起点、逻辑规则、评价标准、思维结论,形成多渠道逻辑线索的思维模式。一题多用的练习能帮助学生实现多维型思维、创造性思维、求异思维的发展。然而课堂上运用一题多用的策略时也容易产生这样一些问题。

1. 教师对课堂教学重点把握不明确,课堂上容易出现思路过于散乱的现象,教学实效不高。

2. 教师不把通过一题多用所衍生的零散知识结构化、体系化,最后学生可能如坠迷雾,迷失在一大堆知识点里面。

多维型思维的发展并不是无序的乱想。一题多用仅仅是手段而已,其目的在于有机结合教材和学生实际,使学生在思路上纵横联系,搭起知识的联通之桥,逐步使所学知识系统化,使学习能力得到相应提高。

第三节 数学游戏

　　2002 年国际数学家大会上,数学大师陈省身为青少年数学爱好者题词"数学好玩",简单的四个字包含着他对数学的酷爱以及对青少年学好数学的期望。教学中如果单纯依靠教师或家长的权威迫使学生学习,那样的学习将是低效的、痛苦的。我们更应该做的是让学生喜欢数学、了解数学、亲近数学,从而主动学习数学,真正认为"数学好玩"。中国近现代教育家陈鹤琴说过:"游戏是人生不可缺少的活动,无论年龄、性别,人们总是喜欢游戏的。"美国著名数学科普作家马丁·加德纳认为:"唤醒学生的最好办法是向他们提供有吸引力的数学游戏、智力题、魔术、笑话、悖论、打油诗或者那些呆板的教师认为无意义而避开的其他东西"。为此,我们的教学内容、教学手段要更加符合小学生的年龄特点,尊重"儿童文化"。但是,数学游戏除了能提高学生的数学学习兴趣,它还应该承载怎样的期待呢?摘苹果、小猫钓鱼、邮递员送信这些简单竞技的游戏的确能提高学生兴趣,但它们主要是丰富学生的计算形式,需要的思维层次并不高,学生除了计算甚至不用思考。这些游戏形式也的确能令课堂活泼热闹,学生也许能兴趣盎然,然而游戏之后呢?学生们会思考吗?我们在他们心底播下的到底是怎样的种子呢?我们期待探索出和夺红旗、摘苹果这些传统游戏不同的,能引起思考的数学游戏。

　　本文提出的发展数学思维的数学游戏是借助身体活动和动手操作的体验式数学游戏,它不仅能激发学生学习数学的兴趣,还能激活学生的创造性思维,发挥学生的潜能,为学生的思维活动建立丰富的情感基础。

一、内涵解读

　　1. 数学游戏。

　　西奥妮·帕帕斯(Theoni Pappas)说:"逻辑、娱乐和游戏,可谓是数学的三剑客。"这说明数学游戏在数学领域中占据着重要地位。数学游戏是一种运用数学知识的大众化的智力娱乐游戏活动。我们能从描述中知道数学游戏是数学问题与游戏的综合体,同时具备知识性、趣味性以及娱乐性。

　　2. 发展数学思维的数学游戏。

　　发展数学思维的数学游戏是指把数学学习融入游戏之中,让学生在玩数学游戏中不仅学到数学知识,掌握数学方法,领悟数学思想,还能锻炼学生观察、推理、归纳等思维能力,形成运用数学概念、数学思想以及辨明数学问题的良好思维品质。

二、设计原则

发展数学思维的数学游戏旨在启发学生的数学智能,要求学生在游戏中不仅有愉悦的情感体验,还必须有思维活动的空间,需要调动观察、推理、归纳等多种智力因素,启动操作、猜想、验证、合作交流等多种探索形式才能完成的数学游戏,是一种探究性的数学游戏。这样的数学游戏,其目的不仅仅是学生学习兴趣的激发,还有思维能力与思维品质的提升。

1. 以活动体验为主的原则。

丹麦伟大作家哥戎维(N. F. S. Grundtving)说:"什么是思考?当情感意识到自己,就变成了思考。"活动和体验意味着感情和意志,我们从意志的活动出发,经过情感生活,到达思维生活,而思维生活应该是一个漫长的过程。所以,我们需要知道,要让学生对思维世界具有洞察力,首先必须回归到身体活动。人们尝试过许多捷径,英国著名哲学家约翰·斯图尔特·密尔(John Stuart Mill)自幼接受与思维相关的训练,小小年纪便在这一领域取得惊人进步,被人们视为"神童"。然而必须指出的是,他的哲学思想显示出极端不信任那些思考获得的结果。他自己也认为,真正意义上的童年生活的缺失与他日后人生中的危机有直接联系。因此,仅仅指向思维生活的纯粹知识无益于儿童成长,这对于儿童来说太难了,儿童是通过活动与体验发展的。因此,我们尽量避免让学生,特别是低年级学生进行那种纯粹的思维训练,而是应该在活动与体验中发展数学思维。

2. 普遍参与的原则。

发展学生思维的数学游戏并不是个别优生或者少数人的表演舞台,应该尽可能地面向每一个学生,不歧视后进生,不排斥和剥夺任何一个学生的游戏自主权,争取给每一个学生公平的活动机会。

3. 难易适度的原则。

所设计的游戏应该是学生经过努力能够完成的。如果游戏规则太难,需要的思维层次太高,学生会失去游戏的兴趣。但如果设计的游戏水平太低,不需要学生付出努力就能完成,也会使他们丧失游戏兴趣。游戏的设计应该以学生的"最近发展区"为参照,不能做太大超越。

4. 创造性的原则。

每一个学生都是创造方面的天才,教育的职能不仅是教授知识,更重要的是让他们的创造潜能得以发挥。教师的工作其实不是教什么,而是一种顺应。因此,游戏的设计应该尽可能给学生提供创造的机会和环境,内容不能规定太死,活动的实践与空间不能有过多限制,尽可能让学生放开手脚活动,鼓励他们大胆设想,大胆创造。

三、策略运用

发展小学生数学思维的数学游戏以体验为主,鼓励学生进行身体活动和动手操作,并不倡导在学生产生自身需求之前强制进行一些思维训练,而是以知识点为依托,给学生的游戏提供一些思维空间,让学生能自我生发一些思考,这样的思考并不是教师强加的。

(一)活动体验式"跑数游戏"唤醒思维

只有在丰富的情感生活的基础上才能建立起明晰的、被唤醒的思维生活。德国数学家莱布尼茨曾说:"音乐是心灵的体操。"这里介绍的跑数游戏正是让学生在音乐节奏中体会数,在活动体验中培养数感。

【跑数游戏 1】有节奏的数数游戏。

学生一边用脚踩出轻—重的节奏,一边数数。脚每踏一步就数一下,刚好踏着轻步时数到奇数,踏着重步时数到偶数,数到"10"就双脚一起跳,按此方式一直数到"100"。然后就倒着数,学生越数越自豪。后来也可以数到"5"就双脚跳一下,当然为了让形式丰富也可以借助手的活动。这个游戏也可以从中间数,2 个 2 个地数时就让孩子单脚跳数,5 个 5 个数或 10 个 10 个数时可以双脚跳数,其实在数数的同时也渗透了乘法的知识,而这一切都显得自然而流畅。

(游戏出自:[丹麦]亨宁·安德森.爱上数学:在游戏中与数学相遇[M].周愚,译.天津:天津教育出版社,2012.)

这样的数数过程结合了学生的身体活动,数数一点都不枯燥,反而十分有趣。孩子们乐此不疲地数数时,对数学有了生动而实用的理解。这样的跑数游戏重视了孩子的形象思维,让孩子把抽象的数与自己的动作联系起来,让数也跃动起来。

【跑数游戏 2】100 以内数的认识游戏。

在地板上画一条长长的直线,直线上标出每一个数字,整十的用较长的刻度线表示,由 10 个学生分别拿着 10~100 整十数的数字卡片站在相应的刻度线上扮演睡着的数。一个学生担任跑数人,从"0"出发,走一小步就数一个数,数到"9"的时候开始伸手推醒数字"10",伴随着学生的声音"10,10 醒一醒",数字"10"醒过来,牵着跑数人的手,一起往前走。接着往后数"11""12"等,一直数到"19",这时两个学生就一起推醒"20",然后数字"10"又一步步回到"10"原本的位置,跑数人就由"20"陪同接着数下去,这样学生一直数到"99"的时候,就会情绪高涨地一起叫醒"100"。这个游戏可以让学生玩几轮,在第二、三轮时,处理稍有不同,当数字"10"陪伴跑数人往前走时,还可以由拿着数字 10 的小朋友一直说"10",跑数人则每走一步就说加 1,加 2,全班可以一起报出他们相加的数字结果,我们听到的就是"10+2""12""10+3""13",就这样一直跑到 100。

几轮以后,可以让不同的孩子分别担任跑数人,分别从 0,10,20,30 出发,如果几个孩子数得整齐,我们可能同时听到"10＋1""20＋1""30＋1""40＋1",如此类推,孩子们很容易知道数的构成。

这一游戏还可以有这样的延伸,两人担任跑数人,一个人手拿 1～9 的数字卡片,一边走一边不停地翻卡片,走到"10"也需要数字"10"的小朋友陪同跑数,而另一个跑数人则比较清闲,他只需要跨着大步数整十数,只是每次他需要拖长声音数数,他数"1～10"的时间足够让第一个跑数人一个一个数到"10"了。也就是说,他们到达整十的时间要同步,这样两人虽然节奏不一样,但时间却是一样的,最后同时到达终点"100",孩子们很容易发现第二个跑数人走了 10 步,而第一个跑数人却已经气喘吁吁走了 100 步,孩子们也就自然得出了"10 个十是 100"的结论。

(游戏出自:[丹麦]亨宁·安德森.爱上数学:在游戏中与数学相遇[M].周惠,译.天津:天津教育出版社,2012.)

通过这样的游戏,我们无需向孩子们解释十进制的概念,孩子们已经能体会到十进制富有韵律的特质。因为每一次跑数有整十数伙伴的陪伴,孩子们也很容易理解两位数的概念。这样的理解是体验,即使当时还没有这样的概念,但是当我们再接触到这一概念时自然而然想起我们跑数时的伙伴就了解了。

接着教师问:"如果我们跑过了 100,游戏该怎么玩?"孩子们可能会觉得很简单,说:"跑数人以后的路就有两个小伙伴了,一个代表百,一个代表十。"为了让孩子充分领会这种陪伴,可以请表示整十数的伙伴与跑数人手牵手。为了理解更加深刻,我们还可以从 100 倒着跑数,那么直到过了 10 以后,两人才能松开。

为了更清楚地了解 100 以内数之间的关系,我们还可以设计这样逐步从具体体验到抽象概括的游戏活动。

师:你能站到 50 那儿吗? 谁是离你最近的邻居?

生:这样的数有 2 个,左边的 49 和右边的 51。

师:请站到 10,跳一跳,边跳边数,数出 10～20 之间的数,并数数你跳了多少步,也就是 10～20 之间有几个数。

一些被选中的孩子边数边跳,开始愉快地跑数。

生 1:我跳了 9 步。

生 2:10～20 之间有 9 个数。

师:谁能站到数字 5 那儿? 你能跑出个位上是 5 的数吗? 最后数数你跑了多少步。

几轮这样的跑数游戏下来,教师把这条带数的线抽象出来。

师:我们把这条表示数的直线搬到黑板上,这条表示数的直线就是数轴。你能找找十位是 5 的数有哪些吗? 个位是 7 的两位数有哪些呢?

(游戏出自:[丹麦]亨宁·安德森.爱上数学:在游戏中与数学相遇[M].周惠,译.天

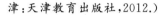

津:天津教育出版社,2012.)

这些跑数游戏看似十分简单,孩子们玩得不亦乐乎,却已经一步步走入了思考的乐园,我们正在带着孩子在情感到思维这条长长的道路上愉快前行。

【跑数游戏3】数的分解游戏。

让12个学生站成一排,最后一个学生跑到第一个学生前面成为新的队列站好。教师说:"12等于?"新队列的学生说:"1。"老队列的学生说:"加11。"接着,旧队列的学生一个接一个跑到前排站好,直到旧的队列由新的队列代替。其中,我们听见的是:

师:"12等于?"新队列:"2。"老队列:"加10。"

师:"12等于?"新队列:"3。"老队列:"加9。"

……

师:"12等于?"新队列:"12。"老队列:"加0。"

这个游戏可以玩两轮并换成更大的数,并把孩子们汇报的结果写下来:

12

1+11

2+10

3+9

4+8

……

12+0

(游戏出自:[丹麦]亨宁·安德森.爱上数学:在游戏中与数学相遇[M].周悬,译.天津:天津教育出版社,2012.)

后面,还可以请孩子拿出一定数量的圆片用刚才的跑数形式操作,自由分解这些圆片,并请他写出这些算式。这一游戏能帮助孩子渐渐有顺序地写下所有组合,他们通过分解,深入地了解加法、数的组成,并能通过观察、体验发现数字的变化、加法的规律,体现了思维的有序性。

【跑数游戏4】加减混合运算的练习游戏。

我们做1~10的数字头饰,请10个孩子戴在头上参与游戏。教师说出一个数字,例如7,学生通过结对使头上的数字组成7,走到墙边。需要加法的站立,被减的一个孩子则蹲在伙伴身边,得出结论7后也走到墙边。然后,教师问:"有没有可能所有孩子都走到墙边呢?"游戏开始了,3和4,2和5,1和6很快结合,剩下8,9,10,在孩子们的提醒下,他们也找到了这样的方法:8+9-10=7。现在只剩下7了,教师又提示说:"现在我们如果能利用已经成功的伙伴头上的数字能把7也带到墙边吗?"孩子们讨论:"有0就好了。""用已经成功的数字,那起码要两个。"……很快,孩子们想到一种方案:7+5-3-2=7,还有7+8+1-9=7等。于是,教师又说:"能用一个组合把这十个人都带到墙边吗?"这个问题比较难,但是孩子在把这些数字一字排开反复思考,也有孩子想到了办法。当然这个问题还可以作为课后思考题,与父母一起思考。

（游戏出自:[丹麦]亨宁·安德森.爱上数学:在游戏中与数学相遇[M].周悬,译.天津:天津教育出版社,2012.）

这一游戏里面有加法练习、减法练习、加减混合计算练习,不是把着力点仅仅停留在计算上,并非一般意义上的计算比赛,而是给学生一定的思考空间,学生在玩耍中需要思考才能完成这个游戏,思维的训练就这样悄无声息地进行着。

【跑数游戏5】循环排列游戏。

选10个学生排成一排,每个人数一个数字,最后一个学生数了10之后就跑到队伍的最前面数1,其他学生接下去数到10,就这样,游戏继续下去,直到第一个学生到达队伍的末尾,数的数字变成了10。他们很快发现他们每个人都数到了1～10,但顺序不一样,让每个学生报出他们数数的顺序。第一个人的顺序是:1—2—3—4—5—6—7—8—9—10;第二个人的顺序是:2—3—4—5—6—7—8—9—10—1;第三个人的顺序是:3—4—5—6—7—8—9—10—1—2。这些序列包含很多规则,学生有了这些发现时是特别愉悦的,他们为这些发现兴奋不已。后面,教师可以让学生报出第六个学生的序列:6—7—8—9—10—1—2—3—4—5。我们在一年级时玩这个游戏仅仅是为了体会数的魅力,并不需要做过多规律的解释。但当学生到二年级学习循环排列规律时,会发现这和我们曾经的跑数游戏非常一致,甚至到高年级学习计算周期时,也会发现那是特别容易的事情。

（游戏出自:[丹麦]亨宁·安德森.爱上数学:在游戏中与数学相遇[M].周悬,译.天津:天津教育出版社,2012.）

数学教材是根据儿童心理特点编写的,其知识体系是呈螺旋式上升的,各年级段学习的数学知识有许多共通点,低年级段关于数的游戏与体验也能为高年级段其他数学知识的学习提供情感基础。

【跑数游戏6】乘法口诀的练习游戏。

伴随动感的音乐,"乘法口诀的练习游戏"可以从运动与韵律开始。跑出乘法口诀需要我们很好的节奏感,让数字从节奏中自然流淌出来。在练习3的乘法口诀时,首先需要打出四分之三拍节奏,我们踩着左—右—跳的步伐前进,一边跳跃一边大声说出数字,中间的数字只在心里默默数出。(1)(2)3(4)(5)6(7)(8)9…说出的数字是3—6—9—12—15…当我们练习4的乘法口诀时,就要变成四分之四节拍,每遇到4的倍数跳一下,大声地报出4—8—12—16…很快发现,说出数字之间的间距拉长了,需要更大专注力才能保持节奏。而当数字越来越大时,我们可以加入手的动作了,我们需要保持的仍然是节奏。用这样的游戏,我们要体会的不是数字,而是数字之间有待发现的空间,也正是这些空间才让每一个数字的乘法表具有不同的特质。

在接着的跑数游戏中,可以借助数轴,学生根据选定的乘法表绕着弧线走,或者跳,跑出乘法表来,如图 6-2。

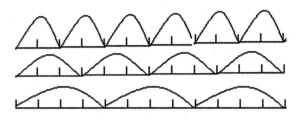

图 6-2

当我们要跑出较大数字的乘法时,比如 9 的乘法,11 的乘法,我们不能一次性跨这么大步了,可以中间单脚跳一下,双脚跳到目的地,或者请两个伙伴架住自己悬空荡过去,如同小鸟长了翅膀可以飞。还可以把这个练习变成蒙眼练习,让大家按照老师的要求走,反复试验后,经过感觉、估计、对比、反复试验走到合适的位置。这一游戏可以让每个学生都来参与,其数学能力能获得很大程度的提高。最后的蒙眼练习其实也是在培养他们的数感,头脑不清楚的,先让脚知道。

跑数游戏除了让我们更加清楚乘法外,还有一些意外收获。当两个人同时跑数时,一个人选择跑 3 的乘法,一个人选择 4 的乘法,他们会发现大多时候他们都跑到不同的数,但也会在一些数字点上相遇,例如,12—24—36—48…让他们在那里拥抱一下吧。当他们在跑第二次的时候,刻意让所有学生大声数出他们相遇的数,这将是他们四年级要学习的公倍数。当然,如果低年级学生玩这个游戏,我们不用介绍这一概念,他们要做的只是体会数。这一延伸游戏可以发生在许多数字的身上,甚至可以请三个学生同时跑数,他们能发现有时两个数相遇,而三个跑数人都相遇的机会相对较少。

一个游戏的确能生发很多种玩法,比如这款乘法跑数游戏如果要在教室里黑板上完成,可以把我们的腿设计成“跑数杖”,即设计像圆规形状一样的“跑数杖”,“跑数杖”两腿间的距离就是表示的数,让表示各种数的“跑数杖”在直线上飞奔,孩子们纷纷为“跑数杖”报数,不就是乘法练习吗? 还可以用一根表示 5 和一根表示 8 的“跑数杖”同时在一条直线上跑动,也能发现“跑数杖”有相遇的时候,那就是它们的公倍数。

（游戏出自:［丹麦］亨宁·安德森.爱上数学:在游戏中与数学相遇［M］.周惠,译.天津:天津教育出版社,2012.）

乘法口诀、公倍数等知识都在游戏中渗透理解,更重要的是这样的游戏形式拓展了学生的思维,开启了学生奇妙的数学体验之旅。

（二）操作体验式数学游戏启发思维

斯坦纳的“十二感觉论”告诉我们,通过运动获得的感受和感知属于较低层次的感觉,而认识、判断属于较高层次的感觉,从直接的感知发展到认识与判断,我们需要做的仅仅是顺应,这时我们的数学游戏可以从身体的运动,特别是脚的运动变为手的操作。动作的升级预示着思维阶段的提升,操作体验式数学游戏是用操作引领探索,用探索启发思维。

【游戏1】运用乘法口诀的连线游戏。

当我们学完 9 以内的乘法表时,我们可以做一个画线连线游戏,我们会发现每个乘法都有一个标志,我们将给出的数按乘法表里的顺序连接起来,圆上呈现的只是乘法结果的个位数。于是,我们欣喜地发现每个数字的乘法口诀都有一个属于自己的图案,如图 6-3。

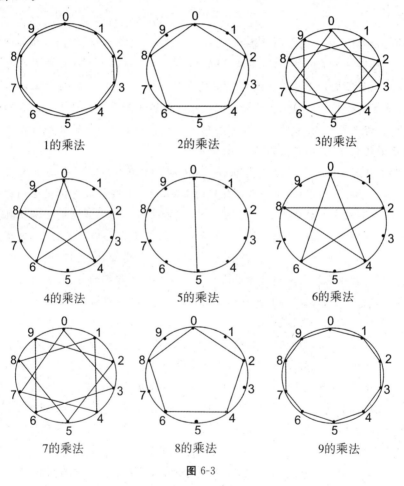

图 6-3

学生连完后不妨让他们说说,"看到这些根据乘法口诀连接的图案,你有什么感受,有什么发现?""你觉得哪个乘法口诀的图形最漂亮,为什么?""哪个乘法口诀的图形最简单?"还可以找找规律,学生能发现各个数的乘法口诀图形是以 5 的口诀图形为中心对称的,5 的乘法个位数只有 0 和 5 两个数,2,4,6,8 的乘法个位数是一定的,都是偶数,而 3,7,9 的乘法个位数却用到了 0~9 的所有数,我们还能发现 2,4,6,8 的乘法图形是如此相似。

(游戏出自:[德]卡尔维茨基·福尔克.罗吉狗数学游戏系列[M].哈尔滨:黑龙江少年儿童出版社,2010.)

这样的游戏不仅让学生复习了乘法口诀,还欣赏了数学世界的美,感受了数学的深邃与奥秘。

【游戏 2】摆圆片游戏。

用 12 个圆片,请学生把它们排成一个方方正正的形状,在学生排出各种形状后,带领学生有顺序地排一排,如图 6-4。

图 6-4

学生一边摆出这些形状,一边用加法以及乘法表示,知道 12 的所有乘法算式,这一游戏让学生再次从乘法的意义上理解乘法口诀。

摆圆片游戏还能用圆片摆有趣的数字排列。

用 1 个、4 个、9 个、16 个圆片排成正方形,移动最少的圆片使其变成一个三角形,如图 6-5。

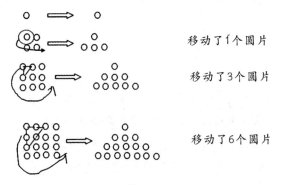

移动了 1 个圆片

移动了 3 个圆片

移动了 6 个圆片

图 6-5

之后,我们可以请学生从上往下数数每行的圆片,就会有如下发现。

1＝1

4＝1＋3　　　　　比前一个数多 3

9＝1＋3＋5　　　　比前一个数多 5

16＝1＋3＋5＋7　　比前一个数多 7

学生仅仅操作,发现,记录。接着,让学生从左至右数图片,会有更妙的发现,我们把它排成金字塔形状。

$$1=\qquad\qquad 1$$
$$4=\qquad\qquad 1+2+1$$
$$9=\qquad\qquad 1+2+3+2+1$$
$$16=\qquad\qquad 1+2+3+4+3+2+1$$

(游戏出自:[丹麦]亨宁·安德森.爱上数学:在游戏中与数学相遇[M].周悬,译.天津:天津教育出版社,2012.)

找规律是锻炼学生思维的重要方法,然而这里的找规律却是建立在学生充分操作的基础之上的,以操作活动为媒介的思维活动也就显得自然而然了。

【游戏3】七巧板"超级变变变"游戏。

在学生分别用2块、3块七巧板拼成了三角形,对拼三角形已经不陌生的时候,我设计了"超级变变变"的游戏。首先请学生用七块板拼成一个大三角形,接着根据教师的口令,学生只移动其中的两块,就可以迅速变成正方形、长方形、平行四边形和梯形。然后,请他用七巧板拼成喜爱的图形,学生发挥各种想象摆成了圣诞树、鱼、狐狸等各种漂亮图案。最后,根据教师的一声口令"超级变变变,变回正方形",学生能迅速地把各种图案的七巧板还原成正方形。学生乐此不疲地玩耍着、讨论着、思考着。

(游戏提供者:中华路小学　向维维)

这一游戏降低了七巧板操作难度,又留足了思维空间,为学生玩转七巧板搭建了桥梁。

四、提炼反思

这里重在研究低年级的数学游戏,还有以下一些需要进一步研究的问题。

文中介绍的一些数学游戏以体验为主,而在现今课时有限而教学任务又一定的情况下,应如何保证学生能有充分的时间与空间进行探索和发展呢?

文中的游戏的确能让许多学生参与进来,然而如何保证所有学生都能有所发展呢?学生的反馈又从何而来?

游戏与数学彼此相属,彼此呼应,它们为学生构筑的是一个充满想象与科学意味的数学童话世界。通过活动、操作等方式的体验,学生的内心播下了数学的种子。教师要做的是给以引导的阳光和启迪的雨露,然后等待它的成长。正如瑞士教育家裴斯泰洛奇说:"人类极大的美德是能够等待,不慌不忙,直至一切成熟。"等待以及在等待的过程中发现并指引学生成长,这就是教育。

参考文献

[1] 柳惠军. 在平凡的练习中显示不平凡：特级教师丁杭缨"三角形的三边关系"练习处理艺术赏析[J]. 教学月刊（小学版数学），2012(3).

[2] 余育明. 小学数学复习课中的"一题多用"[J]. 广东教育，2005(8).

[3] [丹麦]亨宁·安德森. 爱上数学：在游戏中与数学相遇[M]. 周悬，译. 天津：天津教育出版社，2012.

[4] [德]卡尔维茨基·福尔克. 罗吉狗数学游戏系列[M]. 哈尔滨：黑龙江少年儿童出版社，2010.

第七章　数学语言表达训练策略

一、内涵解读

数学语言是用于表达数量关系与空间形式的一种语言,主要由文字语言、符号语言、图形语言构成。数学语言表达是以数学语言为载体,对数学知识点或数学问题进行准确阐释的能力。语言是思维的外显表达方式,数学语言就是数学思维的再显,孩子不仅可以通过语言表达来厘清自己的思路,而且还有利于促进自身数学思维的发展。

二、策略应用

(一)模仿与积累

数学语言具有规范、准确、严密的特点,但对于年龄较小、数学知识较少的低年级学生,很难用标准化的数学语言进行精准表达。常在数学课堂中出现会做不会说、词不达意、语言表达不严谨的情况。众所周知,人类的语言学习是从模仿开始的,模仿是"学习的捷径"。通过模仿,学生不仅能够快速复制积累,掌握基本概念,由量变到质变,也能对模仿的行为进行加工,有所创新,产生飞跃。

因此,在教学中对低年级学生首先应从数学语言的模仿和积累抓起,引导学生快速入门。把数学语言的培养和数学知识的学习紧密地结合起来,有序训练数学语言表达,促进数学思维。通过培养学生数学语言的能力以提高学生分析问题、解决问题的能力,从而进一步增强学生思维的条理性、逻辑性和准确性。

1.教师示范,提供模仿范例。

学生数学口头表达能力的形成,是一个"模仿—创造"的学习过程,深受教师潜移默化的影响。教学中教师的语言,特别是有关数学概念的表述和数学问题的阐述,务必用词准确、叙述精练、条理清楚、前后连贯、逻辑性强,让学生对概念及数学基本问题有准确理解,让学生熟悉数学语言的表达方式,让学生耳濡目染逐步学会应该怎样有条理地表达。首先,学生"说"数学语言需要教师的"扶",尤其是初学"说"的学生,更需要教师的鼓励和扶助。低年级学生缺乏数学语言的积累,但他们的模仿性强,只要我们在教学中做好示范,提供表达模式,在课堂中语言精练、严密,具有启发性,学生模仿着说,说多了就会运用和延伸。

(1)教学语言要准确、简练。

小学生对事物的理解比较片面,不够精确。因此,教师的口头语言和肢体语言都会对学生起示范作用。要培养学生的数学语言表达能力,首先就要求教师必须加强自身的语言能力训练。俗话说:"台上一分钟,台下十年功。"要想提高课堂教学语言的准确性,必须考虑到教师备课语言的设计,一些基本的数学概念、定义、性质,这些教师都应该有一个透彻的了解,不能让学生有误解。对于一些疑惑的地方要多推敲,也可请教同事或专家,尽量做到课堂语言"零缺陷",在课堂上教师要十分注意字词的准确性。如:"数"和"数字"、"比"与"比例"、"前项、后项"与"内项、外项"、"除"和"除以"、"增加了"和"增加到"等不能混淆;"3个6相加的和"与"3个6相乘的积"不能简单地说成"3个6"。教学语言除了准确,还要简洁,用言简意赅的语言来表达丰富的内容,体现数学的简洁美。

(2)教学语言要生动、幽默。

如果教师能用形象生动、风趣幽默的语言对讲授内容进行深入细致的描绘,学生就不会感到枯燥,从而更加全面、更加透彻地理解知识,就能提高学习效率,营造良好的课堂氛围,建立良好的师生情感。

【案例1】一年级教学"找规律"。

师:小朋友,听,这首歌多熟悉呀!"我的好妈妈,下班回到家……"(播放录像)瞧,这是我们在搞什么活动?

生:上周的班会活动。

师:这次班会,咱们一起动手布置的教室可真漂亮呀,看! 这是什么呀?

生:彩旗、彩花、灯笼。

师:请仔细瞧瞧它们有什么特点,把你的发现说给小组的同学听听。

(案例出自:瞿渝成.我视界中的数学课堂:小学数学案例及课堂实录[M].北京:中国科学技术出版社,2007.)

【案例2】如何敲响课前五分钟前奏曲——华应龙老师课前谈话。

师(热情地):孩子们,你们好!(挥手)

师(风趣地):孩子们,你们认识我吗?

生:不认识。

师:华罗庚认识吗?

生:认识。

师:华佗认识吗?

生：认识。

师：华应龙认识吗？华应龙就是我。

生：华老师。

师：好，孩子们，你们很有礼貌。

师（微笑）：现在我们可以开始上课了吗？

生（齐说，0很响亮）：可以了。

孩子们兴趣盎然，都跃跃欲试。

（案例出自：华应龙.我这样教数学[M].上海：华东师范大学出版社，2009.）

只有教师的教学语言做到了规范、简练、生动、幽默，才能让学生在充分感受语言的巨大魅力的同时，能够自觉、主动地学习模仿，较快地提高自己的语言能力。

2.引导倾听，模仿数学语言。

学数学语言，首先要学会倾听。必须让学生置身于语言环境之中，才能收到良好的学习效果。我们尤其要注重培养学生良好的倾听习惯，让他们不仅在上课时专心听讲，还要能由听引思，在倾听中做出思考，对他人所说的话做出理解，进而产生自己的见解。教师亦然，在平日的课堂中也要认真倾听学生发言，及时捕捉学生反馈的信息，第一时间发现问题，并做出诊断和修正，力图让学生用规范、准确的数学语言进行阐述和表达。

儿童本身就具有很强的模仿力，教师的数学语言如同一面镜子直接折射学生的数学语言。所以在教学中，我们必须有目的地为学生提供数学语言的范本，让学生明确如何应用准确的语言模式，有条理地进行表达。学生一旦能在课堂上能听、会听、善听老师的提问、讲解，那么一定会潜移默化地把倾听能力转化为表达能力，实现由"善听"到"会说"的思维跨越。

【案例3】在教学"$11-6-3$等于几"这道连减算式时，可先由学生来说一说这道题的计算方法，学生说完以后，再把算理归纳清楚：先算$11-6=5$，再算$5-3=2$，所以$11-6-3=2$。最后全班学生模仿着说一遍，慢慢地学生不仅清楚四则运算的顺序，思维也会更加有序。

（案例提供者：中华路小学　张玥）

可见借助教师和优生的示范效果，能提升全体学生的数学语言表达能力。而让学生学会倾听，并在听清楚的基础上进行模仿、学习，将观察、理解的东西借助数学语言来准确表达，是培养学生表达流利、思路清晰、分析得法的重要途径。

3.潜移默化，积累数学语言。

（1）模仿式。

模仿是学习的重要途径，原始的学习行为都是从模仿开始的，所以数学语言的学习和积累也是从简单模仿开始的。对于小学低年级的学生来说,学习就是一个模仿的过程。随着年龄的增长,学生的学习行为就会从模仿到超越模仿过渡。在小学低段的数学教学过程中,应该对数学语言进行规范化,注意用词的准确性,遵循循序渐进的方式,从一句完整的数学语言表达,到一小段数学语言,再到一大段数学语言,逐步引导学生使用规范、准确的数学语言。

如教材中的看图提数学问题,开始学生不会用数学语言说,用的全是生活语言。比如,河里的金鱼在干什么? 天空中的小鸟在干什么? ……这时,教师可引导"说"数学问题要用数学上表示数量的"几""多少"来提问,对于河里的金鱼,我们可以这样提问:小河里的金鱼一共有多少只? 天空中的小鸟有几只? ……由数学语言的某个小点逐渐上升到面,学生从而能够较为规范地使用数学语言去表达问题与观点。

【案例4】让学生用"5×6＝30"编应用题。

生:一天早上,乐乐拿出了 5 个漂亮的盘子,又拿出桃子,然后每个盘子放 6 个桃子,请问一共放了多少个桃子?

师:你编的题目符合"5×6＝30"这个算式的意义,不过,老师觉得还可以更简单,能再说一说吗?

生:我家有一些桃子,我把它们放在 5 个盘子里,每个盘子放 6 个,一共有几个桃?

师:比之前简洁了,有 5 个盘子,每个盘子放 6 个桃,一共有几个桃?(边说边板书)这样可以吗?

通过老师的引导,接下来同学们编题的语言简洁很多。

(案例提供者:中华路小学 张玥)

(2)填空式。

在低年级的数学教学中,要考虑到低段学生思维和身心发展的阶段性,孩子即使不能用规范的语言进行表达也是正常的。所以,教师应在这时候给孩子一根"拐杖",帮助孩子达成目标。即在重点、难点和关键点的地方设计填空题,让学生有意识地对这些内容进行识记。同时,采用填空题的方式更有利于学生完整地叙述,在此基础上积累数学语言。

【案例5】教学数学二年级上册"倍的认识",结合课件和图形的演示说一说:"在课间操时,第一行站了 2 个小朋友,第二行的小朋友是第一行的 4 倍,请问第二行有多少个小朋友? 就是要求 2 的 4 倍是多少,也就是求 4 个 2 相加是多少,用(乘法)计算。列式:2×4＝8。"这样的数学语言表达更助于学生对上下关系有一个清晰的认知,从而把数学问题描述得更加清晰。

(案例提供者:中华路小学 张玥)

（3）造句式。

教师给学生一个表述数学问题的模式，提供一些启示性的词语，再让学生根据此提示进行语言训练。这种方法由于提供了一些启示性的关键词语，所以，不但可以训练学生表达出规范、有条理的数学语言，还能帮助他们理清思路，让他们不仅知其然，还能知其所以然。

【案例6】教学数学一年级"解决问题"：盒子里有 5 支彩笔，盒子外有 1 支，一共有几支彩笔？当学生列出了算式"5＋1＝6"，后教师还要孩子们说出用加法算的理由，并要求用上"因为……所以……"。有了这样的提示语，孩子们说话就更加清楚了。因为要把盒子里的 5 支彩笔这部分和盒子外的 1 支彩笔这部分合起来，所以用加法算。

（案例提供者：中华路小学　张玥）

（4）变换式。

经过一段时间的训练，学生具备了一定的数学语言表达能力。在此情况下，教师可以带领学生，逐渐引导他们转变思维方式，从而多形式、多途径地去感受、描述数学想象与数学问题，让学生对其进行深层加工，弄清来龙去脉，把握知识的内核，同时促进思维发展。

【案例7】看图：☆☆☆☆☆☆★★★★，学生很快能说："白星星是黑星星的二分之三。"这时，教师可启发："还可以怎么说？"经过思考，学生学会用"白星星比黑星星多二分之一""黑星星比白星星少三分之一""白星星占 6 份，黑星星占 4 份""白星星占黑白星星总数的五分之三""黑星星占黑白星星总数的五分之二"等形式来表达。久而久之，这样的训练方式就可以让学生学会用自己的话描述数学概念和数学知识，在此基础上自觉沟通知识间的联系。

（案例提供者：中华路小学　张玥）

（二）规范与运用

语言是思维的外化，思维通过语言来表达。学生数学语言的准确运用程度，与数据思维能力相辅相成，互相促进。学生对数学中的概念、性质、定律和各种数量关系理解的程度，也集中体现在他们是否能用数学语言进行精准描述。想得清楚，说得明白，抓数学语言的训练，实际上也是抓思维能力的训练，数学语言与数学思维必将相得益彰。

1.营造氛围，让学生敢说。

正如德国教育家第惠多斯所言："教学的艺术不在于传授本领，而在于激励、唤醒和鼓舞。"当学生暂时对某一问题没有想法时，教师要和蔼地说："没关系，慢慢想，跟其他同学说一下你目前的想法，也许会有答案呢。"当学生说得不太完整时，就帮助他说："你已经做得很好了，如果你能结合分配律法则进行计算的话，那样就更完美了。"当学生说错时，教师要善于启发学生寻找问题出现的关键点，耐心地说："没关系，你的解题思路是正确的,再检查一下是不是细节方面出了问题。"当学生有新奇的见解时,教师就应及时鼓励他:"你真棒,肯动脑,有创意,继续努力。"教师应充分利用多种途径和方法,激发学生说话的欲望,调动学生说话的兴趣,进而鼓励学生在实践中增强自身动手、动脑的能力。

著名美国心理学家罗杰斯曾说,成功的教育依赖于一种真诚的尊重和信任的师生关系,依赖于一种和谐的、安全的课堂气氛。只有在充满人性的课堂气氛中,学生才会感到自己是有尊严的,课堂是属于自己的,"有话说""敢于说"也就成了以学生为主体的课堂的基调。与此同时,教师也应放下"师道尊严"的架子,将自己视为学生获取新知的指导者和帮助者,而非知识权威,真切地让学生感觉到老师就是他们的朋友,在这样一种自由、宽松的气氛中解放学生无拘无束的天性,鼓励其主动积极地说出自己的想法和方案。

研究表明,在平等民主、轻松愉快的气氛中,学生发现问题、积极探索的心理取向得到激活。因此,教师要重视课堂人文环境的建设,努力营造一种民主、尊重、信任的课堂氛围,特别要凸显师生平等、自由宽容、理解关爱等人文因素,在一种接纳性的、支持性的、和谐的课堂气氛中,让学生产生一种"乐学"的自主学习心态,以此在持续的学习活动中使学生产生安全感、宽松感、愉悦感。

2.规范运用,让学生能说。

数学语言表达是以数学语言为载体,对数学知识点或数学问题进行准确阐释的能力。精准、准确、简练是数学语言表达的基本特征,所以对学生进行数学语言的规范使用是非常必要的。

(1)引导学生说完整的话。

语言是思维外显化的表达方式,借助语言能够让学生的思维更加清晰地展现出来。低段的孩子能够简单表达需要和想法,但往往却不能用完整的句子表达自己的意思。即语言不连贯,说话不完整。所以,学生需要在教师的引导下,明白怎样的回答才是完整的,教师应该对其有意识地进行训练。

【案例8】教师问"一元等于几角?"学生就自然地说:"10角。"这样说本没有错误,但长此以往,容易养成思维的惰性,也不利于逻辑思维的培养。所以,在课堂上尽量要求学生说完整的话。如"图上一共有几个人?"就应该回答:"图上一共有16人。"……从低年级起,就要求学生用完整的话来回答,不仅可以培养良好的说话习惯,同时还能锻炼说话的能力,为以后的学习打下坚实的基础。在倾听同学发言时,当他们说得不规范、不完整、不正确时,也要引导学生经过自己的思考及时纠正或补充。

(案例提供者:中华路小学　张玥)

(2)引导学生做必要的复述。

学生在完成作业时,我们不仅应要求写出最后结果,还要让他们说出是怎样得到这个结果的,也就是思维过程。在课堂上先请个别学生说思路,这样对其他同学也能起到提示的作用。

【案例9】有如下一道应用题:红花240棵,再加上16棵就是黄花的2倍,黄花多少棵? 学生完成这道题后我就要求他们说出思考过程。在引导下学生说出把黄花看成一份,红花的数量加上16就相当于黄花的2份,所以算式是240+16=256,256÷2=128。

(案例提供者:中华路小学　张玥)

(3)引导学生用准确的数学语言。

要培养学生运用准确的数学语言,教师应给学生做出榜样并适时引导,做到思路清楚、语言准确、精练。

【案例10】教学"三角形的认识"。

师:动手做一个三角形或画一个三角形。然后说说什么样的图形是三角形。

生1:由三条边、三个角、三个顶点组成的图形叫三角形。

师:三角形的边、角、顶点都是由什么形成的?

生2:直线形成的。

师:你们同意他的意见吗?

生:不对! 有端点应该是线段,由三条线段组成。

师:三条线段是怎么组成的? 位置是怎样的?

生3:三条线段是连起来的。

生4:是封闭的。

师:连起来就是围成的意思。由三条线段围成的图形叫三角形。(板书并强调"围成"。)

师:"围成"是什么意思?(大家互相说一说。)

课件演示。(加强理解:什么叫"围成"。)

教师板书,并让学生再说一遍:由三条线段首尾相连围成一个三角形。

(案例出自:翟渝成.我视界中的数学课堂:小学数学案例及课堂实录[M].北京:中国科学技术出版社,2007.)

当孩子的回答没有预期的完美时,教师不是采用纠正的方法而是鼓励、引导他们,然后再用正确的语言阐述一遍,在后来的学习中孩子们也渐渐有意识地用准确的数学语言来表达了。

(4)教给学生必要的关联词。

要使学生的表达清晰、具有逻辑顺序,学生就需要学会一些关联词。比如,在计算题中教会学生使用"几和几组成几,或者是几可以由几和几组成"来表达,也可以运用"先……再……然后……最后……"来叙述知识的获得、运用、发展过程。关联词的使用会有助于学生对数学问题的分析,并在有条理的表达过程中增强学生的逻辑思维能力。

【案例11】教学"圆的认识"。

师:孩子们,你们已经知道了圆各部分的名称。其实圆心、半径、直径还藏着一些秘密,你能想办法研究研究吗?请借助学具袋里的工具开始动手吧!

师:谁能把你的发现跟大家说说呢?先在小组内交流交流,注意最好能用"先……再……然后……最后……"来叙述。

学生小组内交流后再向全班进行汇报。

生1:我把一个圆先对折,再对折,然后再对折,这样一直对折下去,最后展开就发现圆上有许多的半径和直径,并且所有的半径相等,直径也相等。

生2:我也是把一个圆先对折,再对折,然后展开,最后用尺子测量,发现直径是半径的2倍。

教师在引导学生把研究过程交流出来时提出建议,让孩子的交流更充分,表达更有逻辑。

(案例提供者:中华路小学　张玥)

(5)在学科的不同内容中,培养规范的数学语言。

数学语言表达是否规范、描述是否精准,很大程度上取决于教师在不同课型"说"的培养过程。在课堂教学过程中不但要重视每一个环节"说"的训练,而且要针对不同的课型,有针对性、有侧重点地进行"说"的指导、练习。

①在概念教学中要让学生说出本质。

在概念教学中进行说的训练是将直观认识转化为理性认识的钥匙,概念教学中教师要让学生通过对直观认识的描述,归纳一般规律,总结出概念的本质,让学生深刻理解定义、定理、公式、法则和性质的具体内容,准确说出概念关键词句。对于近似概念,学生不仅能敏锐感知,而且能用数学语言准确说出它们的内在联系与差异。

【案例12】教学"商不变的性质"。

生1:被除数乘10,除数也乘10,商不变。

生2:被除数乘100,除数也乘100,商不变。

师:谁能把我们的发现用一句话说一说 。

生3:被除数和除数都乘10,商不变,被除数和除数都乘100,商不变。

师:"都"这个词用得非常准确,说说你对"都"的理解。

生4:"都"是指被除数和除数两个都要乘10,而不是只有一个乘。

生5:"都"是指被除数和除数都乘10,不能有一个乘别的数,一个乘10,一个乘20,不行。

生6(指着两个10):都乘同一个数。

师:"同"字用得好(板书)。谁能把大家说的用一句话来概括一下?

生:被除数和除数都乘同一个数(0除外),商不变。

师:我们发现了被除数和除数都乘同一个数(0除外),商不变,那么都除以同一个数,商变不变呢? 同学们继续用观察、比较这些方法,自己去发现,好吗?

……

师:老师把这两个发现放在一起,请你们找出相同点和不同点。能不能把两句话概括为一句话?

师:对! 这就是商不变的性质,勾出你认为重要的词,并说说为什么。

(案例提供者:中华路小学 张玥)

②在计算教学中要让学生说出算理。

教师在进行计算教学的过程中,应从一开始就注重说清楚是怎样算的,这种做法不仅可以帮助学生厘清思路,同时又能巩固计算方法,培养学生的数学语言表达能力,发展学生的思维。特别是对于做错的计算也可以采用此方法,让学生分析做错的原因所在,分析问题,更能帮助分析、掌握这类问题的计算,同时使学生的思维能力也得到提升。

【案例13】教学"两位数乘一位数"。

师:$12 \times 4 = $? 你们是怎样算的?

生:我是口算的。$10 \times 4 = 40$,$2 \times 4 = 8$,$40 + 8 = 48$(师板书口算过程)

生:我是笔算的,先用4乘个位上的2等于8,在积的个位写8,再用4乘十位上的1等于4,4写在积的十位。

(案例提供者:中华路小学 张玥)

③在解决问题教学中要让学生说出思路。

将抽象化的思路进行详细的言语表达,能够将解决问题的过程显性化,让学生更加明确自己解决问题的过程,而不是只关注问题的答案。同时,也为解决问题思路的共享提供契机。

【案例14】教学"解决问题"。

动物园有小鸡660只,小鸭比小鸡少120只,小鸡和小鸭一共有多少只? 先引导学生说清楚题干和问题:题目中有两个条件,一个是小鸡的数量,另一个条件是小鸭比小鸡少120只,问题是小鸡和小鸭总共多少只? 再引导学生说思路:要知道小鸡和小鸭总共的数量,就要先知道小鸡和小鸭的数量分别是多少,但是小鸡的数量是已知的,就应该先求出小鸭的数量。最后说列式:小鸭的数量为:$660 - 120 = 540$(只),小鸡和小鸭的总共数量为:$660 + 540 = 1200$(只)。

(案例提供者:中华路小学 张玥)

教学生学会分析问题是解决问题的基础,所以,教师在教学过程中要引导学生清晰地表达出解决问题的思路和想法,从而帮助学生了解问题的指向,促进其数学思维的发展。在应用题教学中,要引导学生把整个分析过程用一段连贯完整的话表达出来,这样日积月累,学生就会思路清晰,表达流利。

④在几何图形教学中要让学生说出特征。

在几何图形教学过程中应该引导学生先进行观察,用自己的话语体系去总结、归纳几何图形的形状特征,再引导学生之间的对话交流,从而在接受、辨别同伴观点的过程中逐渐形成正确认识。

【案例15】教学"四边形的认识"。

师:四边形中所有的图形都有4条边,4个角,但如果你仔细观察,会发现它们各有特点,你能根据它的特点试着给它们分类吗?

学生汇报发现的分法。

生1:我们是按角分的。长方形、正方形,四个都是直角,把它们分一类。菱形、平行四边形、梯形(没有直角)分一类。

师评:他们根据是否有4个直角为标准进行分类,很好!

师:还可以怎样分?

生2:我们也是把长方形、正方形分一类,菱形、平行四边形、梯形分一类。因为长方形、正方形看起来方方正正的,而其他几个看起来是斜的。

师:看起来方方正正,实际上是因为它们的角都是直角,而其他几个图形的角都不是直角。你们的分法和第一组相同。

生3:我们把长方形、正方形、平行四边形、菱形分一类,因为它们的对边相等。(两组对边相等)梯形分一类。

师评:以边为标准进行分类,很棒! 你是怎么知道它们的对边相等的?

生3:我们是看出来的。

师:怎么才能准确知道?

生3:可以用尺子量。

师:除了用量的方法知道它们的对边相等,还可以用什么方法知道它们的对边相等?

生3:对折。

师:对折,这是个好方法。好的,你们的表现很出色,回位吧!

师:我们一起用尺子或用对折的方法,量量四边形的边,看看它们的对边是不是相等,除此之外你们还有什么发现?

师:量量正方形的四条边有什么发现? 对,正方形四条边相等,长方形对边相等,正方形和菱形的边最特别,它们的4条边都相等。

生4:我们把长方形、平行四边形(对边相等)分一类,正方形、菱形(四边相等)分一类,梯形单独为一类。

评:你们也是按边来分的,分得更具体了。

生5:按对角分:长方形、正方形、平行四边形、菱形对角相等,梯形对角不相等。

评:你们根据对角是否相等为标准进行分类,能多角度思考问题,很好。

生6:我们发现除了平行四边形之外,其他的都是轴对称图形。

师:你们观察的角度很特别,能根据是否是轴对称图形为标准来分类,太了不起了!

小结:孩子们按一定的标准给四边形分了类,通过分类,我们进一步了解了四边形的特征。比如:长方形对边相等,四个角都是直角,正方形的四条边相等,四个角都是直角。

(案例提供者:中华路小学　张玥)

3.交流互评,让学生爱说。

为了以给孩子的数学语言训练提供平台和机会,教师在课堂教学中应该以同桌交流为突破,以小组讨论为主要形式,引导学生进行评价和总结,坚持用语言训练突破学生的思维发展的信念,让全班的孩子都可以表达、想表达、会表达。

(1)同桌交流。

同桌交流是一种简单、可行的数学语言训练的方式,让学生一一对应去交流、表达自己的意见,在这一过程中逐渐厘清思路,明确问题、表达见解。

【案例16】教学"长方形面积大小的比较"。

师:同学们,你能比较这两个长方形的面积大小吗?

师:到底哪个大? 用什么方法证明你的判断是正确的?

生:剪拼。

师:剪拼的确能比较出这两个图形的面积大小,可在生活中我们比较两个图形面积大小时,通常不能破坏原来的图形,比如比较两块瓷砖的面积大小,比较两张邮票的面积大小。你还能想出其他的办法吗?

沉默。

师:同桌之间先说一说。

随后学生想到了量、摆等方法。

师:刚才通过同桌间的交流,同学们的发言很精彩,大家能互相学习,取长补短。很棒!

(案例提供者:中华路小学　张玥)

(2)小组讨论。

小组交流讨论这样的学习方式既能训练学生的数学语言表达能力,也可以锻炼孩子在交流过程中听的能力,从别人的表达中提取信息、获取关键信息的能力。这种学习方式有大面积的表达,可以让每个孩子都有展示自己、表现自己的平台,避免了传统教学中教师问、某个学生回答的小面积对话的尴尬。同时,也能增加课堂密度,收到事半功倍的效果。

【案例17】教学"用字母表示数"。

师(课件上出示第 2 个存钱罐):这是小兰的存钱罐(同时出示小兰比小明多 10 枚),小兰和小明各有多少枚硬币?如何表示?(让学生发表意见。学生可能说出诸如 $X,Y,X+10$ 等之类的表示方式。)

师评:在同一情境中,相同字母表示相同数量,如果都用 X 表示,就表示小兰、小明的硬币数量一样多,所以不行。

比较:用 Y 表示,用 $X+10$ 表示,哪个更好,说明理由,先在小组内说一说,再全班汇报。

生1:这两个未知数都可以表示小兰的硬币数量。

生2:但 $X+10$ 还能表示小兰与小明的硬币数量的关系。

生3:对,当 X 的值确定,$X+10$ 的值也随之确定。

师小结:当两个量有关系时,一个量用字母表示,另一个量用含有这个字母的式子表示。

师:X 可以是哪些数?据厂家介绍,小明这种存钱罐最多装 300 枚。当 $X=?$,$X+10$ 为……(板书)你发现了什么?

生1:我发现 $X,X+10$ 不确定,是变量。

生2:我发现 $X+10$ 随着 X 的变化而变化。

生3:他们相差数是 10,关系不变。

师:是的,一旦 X 的值确定,$X+10$ 的值也随之确定。

(案例提供者:中华路小学　杨露)

平等的课堂教学氛围是引导学生进行对话交流的基础,师生之间的平等关系能够让学生不惧教师的权威,而勇于表达自己的想法与观点;生生之间的平等关系给学生提供一个畅所欲言的大环境,让每个个体都敢于表达、乐于表达。

(三)倾听与评价

1.教师的倾听。

我们在课堂上往往会自觉或不自觉地漏听学生的发言,这种现象主要有以下表现形式:不完全的倾听、虚假的倾听和错误的倾听。长此以往,会严重影响学生和教师之间的交流,影响教学效率和教学效果,那么教师应该如何倾听学生的发言呢?

(1)教师倾听的姿态。

教师倾听的姿态很重要,首先要让学生从教师的姿态上认为自己是被尊重的,例如教师可以上身前倾,或者走到学生面前,这样可以在空间上拉近师生之间的距离,使师生关系更加亲密;教师还可以利用眼神,一直用鼓励、信任的眼神望着发言的学生,这样,可以从心理上拉近师生之间的距离,让他感觉到老师是以一个朋友的身份在听他的意见;教师的倾听应该是有耐心的倾听、平等的倾听,不能轻易打断学生的发言,这样才能走进学生的心灵深处,从而做出正确的判断。

(2)教师倾听的反应。

学生发言的目的是想展示自己,获得老师和同学的肯定。教师倾听的目的是想了解学生的思考内容并做出正确的评价。如果教师听完后毫无反应,那么学生的学习积极性会受到严重的打击。所以教师倾听学生发言的时候,不仅要专注认真,让学生感觉到重视,更重要的是,要正确捕捉学生的每一条信息,了解学生的真实想法和学生对知识的掌握情况。教师要学会适时追问,尤其是当学生的发言遇到困难时,教师可以通过追问帮助学生找出症结所在,并对学生的发言做出恰当的评判和引导。

【案例18】教学"长方形面积的计算"。

师:今天老师带小朋友到图形王国去玩一玩。这几天图形王国里老是出现吵架、打架的事情,因为图形国王颁布了"谁的面积最大就可以当宰相"的法令,听说我们三(2)班的小朋友这几天都在学习"面积",你们愿意帮它们解决吗? 谁先来?

师(出示图7-1和图7-2):它们两个的面积,哪个大?

图 7-1　　　　　　　　　　图 7-2

第一步,学生操作。

师:请拿出你的1号纸(4人合作),教师巡视,并进行指导。

第二步,汇报交流。

请学生演示。

生1展示全部铺满的图形。

师:谁的面积大? 你是用什么方法比较的?

生1:我是用1平方厘米的正方形铺满,一个用了14个,另一个用了15个。

师:看来他的方法可以解决谁面积大的问题。我请"电脑老师"把他的想法再演示一遍。

一行摆了5个正方形,一列摆了3个正方形,总共15个。

一行摆了7个正方形,一列摆了2个正方形,总共14个。

师:还有其他的摆法吗?

生2展示一行一列铺满的图形。

学生演示。

评价:这种摆法倒是很特别的!

师：请我们的"电脑老师"把他的摆法再演示一下，你对他的摆法有什么看法？

生 3：为什么不摆满啊？

师：你知道其中的奥秘吗？和你的同桌交流一下。

生 4：因为每一行都是 5 个正方形，摆 3 行，5×3＝15；每一行都是 7 个正方形，摆 2 行，7×2＝14。

师：听了他们的想法，你们觉得他的摆法怎么样？

生：不错！

师：为什么？

生：比较简单。

（板书：7 2 14）

师：你发现长方形的长是多少？

生 5：长是 5 厘米。

（板书：5 3 15。）

师：你是怎么知道的？

生 5：摆了 5 个 1 平方厘米的正方形，所以就是 5 厘米。

师：宽呢？

生 5：同样的道理。

师：一行可以摆几个 1 平方厘米的正方形，就是长几厘米。一列摆几个 1 平方厘米的正方形，就是宽几厘米。

师：听了小朋友的办法，你们有什么想法吗？

生：长方形的面积是不是可以长乘以宽？

师：到底是不是呢？我们接下来一起来探究。

（案例提供者：中华路小学　景佳）

教师在与学生自然、和谐的交谈中认真倾听了学生的发言，了解到学生学习本节课内容的认知基础，教师在倾听的时候不只关注小学生的思维结果还关注他们的思维过程。教师站在与学生同一个高度上"倾听"，与学生真正产生共鸣。

2.学生的倾听。

现在，我们的数学课堂是越来越活跃，但是我们也经常碰到这样的情况：当教师提出一个问题时，学生要么是看似热火朝天，讨论激烈，可是谁也听不清谁在说什么；要么是尖子生的一言堂，其余学生当听众，甚至漠不关心；要么是意见不一，但不知道怎样去说服同学，争吵不休。一个有生命的活跃的课堂，不能仅仅只有学生的表达，更关键的是学生要学会倾听。倾听是获得知识和技能的一项很重要的能力。会倾听的学生能够博采众长，取长补短，还能够从他人的发言中获得解决问题的灵感。学会倾听有两层意思，一是"用心听"，另一层意思是要"会听"，也就是要让学生做到边听边想。在教学中,可以通过让学生转述、概括别人的发言,或者能够对别人的发言提出问题等措施来进行训练。例如在小组合作交流时,让学生重复同学的发言,再提出自己的观点。这样,可以让学生逐步学会怎样抓住别人发言中的重点,并和自己的观点相对照,慢慢地学会倾听。

倾听是一种能力,也是一种素质。它对学生的学习效果有非常重大的影响,而且倾听这种能力是可以通过教师在课堂中的培养得到提高的。

3.教师的评价。

《课标(2011年版)》指出,对学生数学学习的评价,既要关注学生知识与技能的理解与掌握,更要关注他们的情感与态度的形成和发展;既要关注学生数学学习的结果,更要关注他们在学习过程中的变化和发展。可见,评价关注的是学生在情感、态度、价值观、知识和思维能力等方面出现的积极变化,以及每个学生发展的独特性。

(1)对学生思维的评价。

思维是智力的核心,也是非智力因素发展的基础,因此,学生的思维能力和思维品质应该是评价的重要组成部分。

首先,教师应当评价学生的思维是否有序,是否具有逻辑性。

有序思维,就是在解决各种数学问题的过程中,学生的思维是沿着由低到高、由浅到深、由远到近的优化程序步步向前推进的,一直到有效地完成任务、实现目标。有序的思维能力对于学生学习数学非常重要,在日常教学中应随时注意评价学生是否进行了有序思维。有序思维主要表现在:有序地想、有序地说和方法有序。

【案例19】教学"数图形中的学问"。

师(出示课件):数一数,下图(图7-3)有几个锐角?

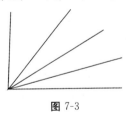

图 7-3

①让学生拿出课前发的练习册上的第1题,自己来数一数。

②请学生介绍各自数的方法,并说说自己这样数的道理。

生1:数出了7个。(请这个学生到讲台上数给大家看。)

生2:数出了10个。(请这个学生到讲台上数给大家看,并用彩色笔表示出数的过程。)

师:数得有点儿乱,谁能数得更清楚,让大家一看就能看明白的。

生3也到讲台上数,数了10个,但也是比较乱。

师:也数乱了,说明数图形还得讲究方法。

生4:我不是直接数的,我是用算式加的,这里有4个锐角,那我们就从4开始加,用 4＋3＋2＋1 来计算。

师：为什么这样加呢？谁能解释一下？

生 5 结合第二个同学的数法，解释 4 个、3 个、2 个和 1 个是怎样来的。

教师用课件演示数的过程。

师：刚才同学们分别介绍了各自不同的方法，说明要做到不重复、不遗漏，最关键的是要按照一定的顺序，有条理地数，才能保证不重复、不遗漏。（板书并让全体学生齐读。）

（案例提供者：中华路小学　景佳）

在教学中，教师的评价紧紧围绕着学生的思维是否有序展开，通过评价一步一步引导学生有序地想，有序地说，有序地数，从而培养学生思维的有序性和逻辑性。

其次，教师应当评价学生的思维是否具有独创性。

独创性是指学生能够独立思考并创造出有价值的内容。对于小学生来说，思维的独创性是指学生在解决问题的过程中，不仅仅局限于教师的方法、思路，能够有自己独立而有价值的见解，即使这些见解并不十分成熟。教师对于学生的新想法要热情地给予鼓励，使学生敢于想，敢于表达，敢于创新。

当学生有创新的观点时，虽然不一定成熟，教师应当注意鼓励，保护好学生的自信心。教师首先要让学生敢于说，敢于表达，学生敢于大胆地发表自己的观点，这样才有培养学生创造力的可能。教师的评价对于学生的自信心的培养有很重要的作用，只有一个有充分自信的学生才能提出创新的观点。因此，教师正确的评价应该是既客观公正，又注意鼓励和引导，培养学生敢于创新的自信心。

（2）对学生情感态度的评价。

教师还应当对学生的情感态度进行评价。情感评价不仅包括对学生数学学习过程的评价，还包括对学生参与度、合作意识等的评价。具体地来说，是指在学生学习过程中，是否有积极学习的情感；是否有学好数学的自信心和不怕困难的探索精神；是否乐于与他人合作，愿意与同伴交流自己的想法；是否能从不同角度去思考问题，找到有效地解决问题的方法；是否理解别人的思路，并能和同学进行交流等等。

【案例 20】一位教师在小数混合运算中，出示"3.2÷2.5÷0.4"这样一道题，让学生观察。有一位学生立马举手说："老师，我觉得 2.5 与 0.4 相乘正好等于 1，而 3.2 除以 2.5 不太简单。"这时，教师是这样评价这位学生的："你有这样的感觉真好，我们在拿到一个式子或问题时，应该对数、数学方面的内容产生感觉，有了感觉我们再去分析、思考，就容易找到解决的方法。"

（案例提供者：中华路小学　景佳）

教师积极正面的评价能激发学生主动参与到数学活动中的学习态度,增强学生学好数学的自信心。

4.学生的评价。

在当今的数学课堂中,评价不再是教师一个人的权利,让学生参与到评价中,能有效地调动学生的学习热情,营造比、学、赶、帮的学习氛围。小学生喜欢模仿老师去评价别人,而这种互评的方式既有利于学生之间互相学习优点,改正不足,也能锻炼他们判断是非的能力和表达能力,不断地发展和完善自己。但小学生年龄小,这一环节需要教师耐心引导,才能逐步提高他们的判断能力和评价水平。当学生能够通过自己的判断和思考对同学做出正确的评价时,说明他们对该知识点已经完全掌握,而且同学之间的评价更容易让学生接受。

【案例 21】教学"找规律"这一内容时,教师给大家出了这样一道题,找规律:2,3,5,8,□。题目一出,大家就开始思考,有的学生很快得出了结论,是 5 加 8 等于 13。经观察,他们发现第三个数等于前两个数的和,而有一部分学生则不同意了,认为:后一个数与前一个数的差每次都加 1,明明是 2+1=3,3+2=5,5+3=8,8+4=12,怎么会是 13 呢? 这个小小的课堂立即变成了辩论场,同学们相互评价,达成共识。

(案例提供者:中华路小学　景佳)

这样做不仅锻炼了学生的口语表达能力,而且让学生学会了一种学习方法,即注意考虑问题的多样性和思考的周密性。

三、提炼反思

教学实践证明,发展学生的数学语言表达能力的目的是为了发展思维,提高学生学习数学的能力。在教学中我们要创造一切让学生能充分发表意见的机会,调动学生运用数学语言表达的积极性,再帮助学生用正确的数学语言表达,进而促进思维的提升。

参考文献

[1] 华应龙.我这样教数学[M].上海:华东师范大学出版社,2009.

[2] 翟渝成.我视界中的数学课堂:小学数学案例及课堂实录[M].北京:中国科学技术出版社,2007.

[3] 中华人民共和国教育部.义务教育数学课程标准(2011 年版)[M].北京:北京师范大学出版社,2012.

第八章　写数学日记促进思维发展策略

写"日记",大家都非常熟悉,都觉得是语文老师布置的作业。但是本章谈到的日记是"数学日记",跟语文老师布置的日记有所区别。如何写好"数学日记",促进学生的数学思维发展呢?接下来就谈谈我们的思考。

一、概念解读

什么是"写数学日记促思维发展策略"呢?首先,什么是"数学日记"?它是指学生用文字记录的数学思考或数学学习感想。它的内容可以是数学思考过程、数学发现、数学应用、数学情感等多个方面。其次,什么是"写数学日记促思维发展策略"?它是指学生把自己的思考过程用文字记录下来,从而训练数学表达,促进数学思维发展的一种策略。它不是只停留在听个别学生说说的层面,而是面向全体学生。"写数学日记促思维发展策略"更强调的是关注学生的思维过程,而不是只看重思维的结果;知其然还要知其所以然,它是发展学生数学思维的一条重要策略。正如德国奥斯纳布吕克大学著名的数学认知专家施万克教授所说:"数学过程比数学结论更重要""会思考的孩子成绩一定不会差,成绩好的孩子不一定会思考""让孩子学会用'因为……所以……'去表达""让学生准备一个小本子记录自己的思考过程"。施万克教授的这些话再次证明思维过程的重要性,因此,我们想到了"写数学日记促思维发展策略"。

二、策略运用

我们从以下几个方面对"写数学日记促思维发展策略"进行了研究。

(一)写数学日记要从低年级开始培养

对于一年级下学期的孩子来说,开始尝试写数学日记的确有点困难。因为孩子识字量少,写字能力差。很多家长对学生写数学日记缺乏理解,他们认为只有语文学科才要求写日记,数学怎么也要求写日记呢。当然,万事开头难,这需要教师的耐心指导。在明白了数学日记的要求就是根据题目写出解题思路和过程后,家长和孩子们也就接受了,于是开始走上了写数学日记的道路。写字能力差的小朋友刚开始可以口述,由家长记录,自己能写的孩子遇到不会写的字可以写拼音代替。慢慢地,家长们发现孩子一天一天在变化,由完全不会—家长引导—独立完成,孩子们明白了做一道题一定是要把思路讲明白、写清楚。家长们看到了孩子的进步,都大力称赞这一做法。渐渐地,家长也开始"上瘾"了,每天守着电脑等待老师发"聪明题",让学生写出数学思维日记。这一做法得到了家长的全力支持和配合,他们在节假日中,还特意模仿教师出"聪明题",指导学生写数学日记,学生的思维、语言表达能力进步很快。

当然,训练学生写数学日记要做到由浅入深,及时评价。学生写数学日记要把握好"度"。学生写数学日记的质量提高需要一个过程,刚开始写主要是为了提高孩子对数学日记的兴趣,让孩子感到写数学日记是一件快乐的事情。比如,第一则日记教师可以这样训练:关于 $12-9$,先让学生说说是怎样想的,学生有说"$10-9=1,1+2=3$";也有学生说"是 $9+3=12$,所以 $12-9=3$",还有学生说"是 $9-2=7,10-7=3$"。接着,我让学生选择自己最喜欢的方法,完整地说给同学听。最后,把自己说的想法写下来,教师及时和孩子们一起对他们所写的想法进行评价,并告诉他们,这就是记录数学日记的一种方式。简单地说,就是记录自己对一道题的思考过程。听了教师的讲解与指导,孩子们豁然开朗,表现出极大的兴趣。教师也及时对部分孩子的记录进行了展评,加五星奖励。在这个过程中,学生的思维彼此碰撞,相互启发,共同得到了提高。下面就是一年级下期孩子刚开始撰写的数学日记。

【案例1】画出盒子里的珠子,参见图8-1。

图 8-1

想:白色珠子不变,黑色珠子增加一参见图8-1。

(案例提供者:中华路小学　王晓琰)

【案例2】按图形变化的规律,接着画,参见图8-2。

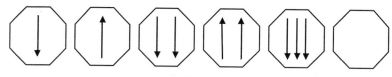

图 8-2

生1:第1幅图有1个箭头朝下,第2幅图有1个朝上,第3幅图有2个朝下,第4幅图有2个朝上,第5幅图有3个朝下,所以第6幅图应该有3个朝上。

生2:因为朝下的箭头一个一个在增加,朝上的箭头也一个一个在增加,所以,最后应该是3个朝上。

(案例提供者:中华路小学　王晓琰)

【案例 3】按规律画图,参见图 8-3。

图 8-3

想:因为第一幅图是 2 个白圆,第二幅图增加了 2 个黑圆,第三幅图又增加了 2 个白圆,第四幅图又增加了 2 个黑圆,第五幅图就增加 2 个白圆,所以第五幅图就是 2 白 2 黑 2 白 2 黑 2 白。

(案例提供者:中华路小学　王晓琰)

【案例 4】请找一找图形(图 8-4)的变化规律,在空格处画出恰当的图形。

图 8-4

想:从右往左看,数量依次是 7,5,3,依次少 2,所以第一幅图里面是一个箭头。再看箭头的方向,朝右,朝下,朝左,就差朝上,所以第一幅图箭头朝上。同时箭头方向在沿顺时针方向旋转,所以箭头右边是黑色。

(案例提供者:中华路小学　王晓琰)

从数学日记中我们可以看到,孩子们不仅找到了答案,而且还写出了为什么。这正是我们学数学的目的:要学会数学思考、数学表达。因此,"写数学日记促进思维发展的策略"要从低年级就开始培养。

(二)写数学日记离不开现实生活

人们在生活、学习中,数学是必不可少的工具。数学来源于生活,又运用于生活,学生对数学的认识需要亲身实践,亲身体验。《课标(实验稿)》明确指出:"数学教学必须从学生熟悉的生活情境和感兴趣的事物出发,为他们提供观察与操作的机会,使学生体会到数学就在身边,感受到数学的趣味和作用,对数学产生亲切感。"因此,我们在课堂教学中,应注意数学与日常生活的联系,基于学生的生活体验和认知,挖掘数学知识中的生活性和趣味性,将抽象的数学问题生活化,降低数学的神秘感和陌生度。

在教学中,我们充分利用写"数学日记"这一平台,从低年级开始,让学生通过文字、图画的方式来反映他们眼中的数学世界,增强学生对数学的感受能力。

1.寻找生活中的素材,激发学习数学的兴趣。

数学学习,要遵循儿童的认知规律和学习心理,从而激发学生的学习兴趣。生活是儿童最熟悉的情景,教师要充分挖掘教材中知识点的生活原型,设计学生感兴趣的数学活动,让学生感受到原来数学问题就在身边,学好数学对自己的生活有很大的帮助,从而产生学习数学的动力,同时也培养学生用数学的眼光去观察周围的一切。如何让学生获得更深刻的体验呢?我们利用"数学日记"这一载体,让学生去寻找生活中的素材,从而激发学生学习数学的乐趣。

【案例5】一年级的学生学习"位置"这节内容时,要求他们通过画画的方式,来写"数学日记"。要求是:放1个小玩具在桌上,请你画出从前、后、左、右看到的样子。如图8-5。

图 8-5

(案例提供者:中华路小学　王晓琰)

【案例6】一年级的学生学习了"比多少"这节内容后,要求他们去寻找生活中这种"比多比少"的素材。就有孩子是这样记录的:我们家的钢琴有52个白键,有36个黑键,总共有88个键,白键比黑键多16个键,黑键比白键少16个。

(案例提供者:中华路小学　王晓琰)

【案例7】二年级的学生学习了"角的认识"后,要求他们去找生活中的"角"。

生1:我发现了钟在2点的时候时针和分针是锐角,在9点的时候是直角,在7点的时候是钝角,在6点的时候是平角,在12点的时候是周角。

生2:我们家到理发店有一个天桥,我发现天桥的形状是一个钝角(如图8-6)。

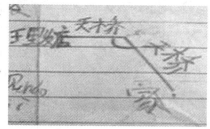

图 8-6

(案例提供者:中华路小学　王晓琰)

【案例8】二年级的学生学习了"平移旋转"后,要求他们去发现生活中的这些现象。

风车、洗衣机、车轮运动都是旋转,滑窗、电梯、升国旗的运动都是平移。

(案例提供者:中华路小学　王晓琰)

有研究表明,学生的现实生活和学习内容越接近,学生自觉接纳的程度就越高。所以,从低年级开始,我们就要培养孩子用数学的眼光去观察身边的事情,用大脑思考数学问题,充分让孩子看到数学不只是"加减乘除",让学生从小对数学有一种亲近感,觉得数学与生活共存,从而激发学生寻求新知的强烈愿望,让学生从一上学就爱上数学。

2.利用生活中的素材,深化学生对知识的理解。

教师要善于发现生活中的数学素材,要善于引导学生把书本中所学的知识运用到实际中去,提倡数学问题生活化,通过运用知识和解决问题,反过来促进学生更深入地理解知识。

【案例 9】一年级学生学习了"解决问题"之后写的数学日记。

生 1：今天，我和爸爸去打羽毛球。我看见女孩有 4 个，男孩有 6 个（包括爸爸），我问爸爸："一共有几个人？"爸爸说："你自己想。"我就想求"一共有多少人"就要把每个部分的数合起来，算式是 4＋6＋1＝11（人）。爸爸问："为什么要加 1 呢？"我说："因为自己还没算呢！"我想只要仔细观察就会发现更多的奥秘。

生 2：今天，我早上看见小姨第 1 个出发，她去上班，第 2 个出发的是妈妈，她也是去上班，第 3 个出发的是婆婆，她去看祖祖。家里还有 2 个人就是我和爷爷。要求一共有几人，就把出门的 3 个人和家里的 2 个人合起来就等于总的人数。算式是 3＋2＝5（人），所以一共有 5 人。

生 3：今天，我们超市买东西，到收银台结账了。我们买了牙膏 2 支 12 元，牙刷 1 支 8 元，可乐 1 瓶 2 元 3 角，七喜 1 瓶 2 元 7 角，毛巾 4 条 15 元，2 个羽毛球 1 元。请问一共多少元？

我是这样算的：15＋12＝27（元），8＋1＝9（元），2 元 7 角＋2 元 3 角＝5 元，总和：27＋9＋5＝41（元）。答：一共 41 元。

生 4：今年爷爷 67 岁，我今年 7 岁。先求爷爷今年比我大多少岁，算式是 67－7＝60（岁）。再求过 25 年爷爷比我大多少岁，因为爷爷和我都在长大，年龄差不会变，所以爷爷还是比我大 60 岁。

生 5：今天，妈妈叫我买 4 盒高钙牛奶，一盒 3 元，4 盒多少元？就用 3＋3＋3＋3＝12（元）。咦，我突然想到了一个更简单的方法，就是这学期才学的乘法，算式是 3×4＝12（元），这样就简便多了！耶！妈妈给了我 100 元，应该补多少元呢？算式是 100－12＝88（元）。

生 6：今天我去游泳，大人的门票 25 元，小孩 15 元，婴儿 10 元。问 2 个大人 1 个小孩门票要多少元？要求一共要多少元，就用 2 个大人的钱加 1 个小孩的钱，算式是 25＋25＋15＝65（元），所以门票一共是 65 元。

生 7：暑假里我买了一条公主裙，现在我一共有 5 条裙子。妈妈暑假里买了 2 条裙子，妈妈现在一共有 12 条裙子。

问题 1：现在我比妈妈少几条裙子？

要求我比妈妈少几条裙子，就用妈妈裙子的总数减去我裙子的总数，算式是 12－5＝7（条）。

问题 2：我再买 2 条裙子，妈妈和我一共有多少条？

要求一共有多少条裙子，就用我买的裙子的总数加上妈妈裙子的总数，算式是 12＋7＝19（条）。

（案例提供者：中华路小学　王晓琰）

【案例 10】二年级学生学习了"乘法口诀"的内容后，为了让他们进一步理解乘法的含义，我让他们去了解身边可以用乘法解决的问题。

生1:我们去买东西吃,雪糕2元,棒棒糖2元,一共4元。

生2:今天,妈妈买来一袋苹果,我刚想拿出来吃,妈妈说:"停,先考你个问题,回答正确才能吃。"我说:"没问题。"妈妈说:"如果我有4个袋子,每个袋子里有6个苹果,一共有多少个苹果?"我嘿嘿一笑说:"简单。一共有4个6,4×6=24个苹果。"妈妈说:"宝贝你真棒,答对了。"我说:"啊,香甜的苹果,我来了。"

生3:妈妈去买药,一盒药里面有两板药,每板6颗胶囊,就有2个6,所以一盒药一共有12颗胶囊。

生4:我一天收集塑料瓶3个,每个1角,1个月30天,一天1×3=3(角),一个月30×3=90(角)。

(案例提供者:中华路小学　王晓琰)

数学知识不仅仅来源于书本,生活也是数学的一个大课堂。让学生联系身边的数学情境,不仅能更好地丰富学生的数学经验,还可以让学生对数学书本上的知识有更深入的理解。语言是思维的结果,学生通过写"数学日记",发展了观察、推理的能力。

3.结合生活中的素材,提高学生的应用意识。

《课标(实验稿)》提出,为了适应时代发展对人才培养的需要,数学课程还要特别注重发展学生的应用意识和创新意识。应用意识有两方面的含义,一是有意识地利用教学的概念、原理和方法解释现实世界中的现象,解决现实世界中的问题;二是认识到现实生活中蕴含着大量与数量和图形有关的问题,这些问题可以抽象成数学问题,用数学的方法予以解决。

随着时代的发展,数学在现代社会的每个领域里都有渗透。学习数学的重要目的之一就是用学到的数学知识去解决身边的问题。而以前在教学中,教师过分强调计算能力和技巧的训练,对学生运用数学知识解决问题的能力关注很少。因此,必须重视数学应用的教学,把应用意识和应用能力的培养放在重要的位置上。教师在教学中给学生提供机会,结合生活中的素材,让学生在解决问题的过程中提高数学的应用意识。

【案例11】一年级的学生学习了"元、角、分"知识,去超市认商品的价格和买东西。

生1:一盒牛奶2元5角,我买了2盒,一共是2元5角+2元5角=5元。我递给营业员阿姨10元,找回5元。

生2:今天,我和爸爸去超市买东西,他给我50元,我先买八宝粥3元8角,再买火腿肠2元2角,我想了想3元加2元等于5元,8角加2角等于1元,5元加1元等于6元。我又去买海苔用了5元9角,加上刚才用的6元,我算了算,现在一共用了11元9角,爸爸给了我50元,先用50元减10元等于40元,再用40元减一元等于39元,然后用39元减9角等于38元1角,我把50元递给阿姨,她找补了我38元1角,我的大脑跟电脑一样准,爸爸也表扬了我,我心里甜滋滋的,可开心了。

(案例提供者:中华路小学　刘斌)

【案例12】二年级的学生学习了"克与千克"的知识后,去超市了解商品的价格和质量。

生1:一包自家卤重 100 克,是 4.90 元。如果我付 5 元,应该找回 1 角。

一包麻饼重 500 克,是 14.00 元。如果我付 20 元,应找回 6 元。

一把荞麦挂面重 1 千克,是 13.50 元。如果我付 15 元,应找回 1 元 5 角。

一袋福寿米重 5 千克,是 47.60 元。如果我付 100 元,应找回 52 元 4 角。

(案例提供者:中华路小学　刘斌)

【案例13】六年级的学生学了"折扣"的知识后,教师要求他们以小组为单位,写一份调查报告。关于新世纪百货搞活动促销:满 300 元送 300 元代金券,同时商品 1 : 1 接代金券,写一段分析报告,分析活动的优惠力度是打几折。

1 小组分析报告:

从表面来看,买 300 元送 300 元属于 5 折优惠,但是如果用 1 : 1 接券,就不是 5 折优惠了。现以整数 600 元商品为例,进行以下分析。

买一件衣服 600 元现金送 600 元券。

买一条裤子 300 元现金另加付 300 元券。

买化妆品 300 元现金另加付 300 元券。

从以上分析中我们可以看出,为了花出去这 600 元券,我需要继续花 600 元现金,才能用完 600 元的券。那么,现金花了 1200 元,总共买了 1800 元的东西。$1200 \div 1800 \approx 0.67$,也就相当于 7 折。事实说明,买的没有卖的精,让你花更多的钱,这就是精算师的精明之处。

(案例提供者:中华路小学　刘斌)

学生通过观察发现生活中的一些实实在在的跟数学有关的情境,经过分析、思考得出合理的解释。这才真正体现了数学学科的应用价值,达到了"学以致用"的目的。

从前的教学把主要精力放在了大量做题上面,不重视学生用数学的眼光、数学的头脑去观察、思考身边的数学问题。这样,学生书本上的数学知识和生活中的数学知识就会脱节,数学知识和生活经验就很难联系起来。我们培养学生写数学日记,就是促使学生用数学的眼光去观察和思考,用一双数学的眼睛去看待世界。通过这样的文字记录,让学生在观察、分析和思考中获得数学能力,从而促进学生数学思维的发展。

(三)写数学日记要重视回顾与反思

学习需要及时回顾与反思。它可以帮助学生从一个新的角度来认识所学知识,进而对新知识有更深入的理解,发现知识之间的联系,同时看到数学的本质,探索其中的规律。促进知识的巩固和迁移有助于产生新的发现。反思是一种重要的学习方式,它是学生获取知识、提高能力的重要方法。

波利亚曾在《解决问题》一书中强调反思的重要性。学生一节课上完,不代表学生

179

的学习任务就完成了，反而需要大量的时间对所学知识进行回顾与反思。这样才能加深对所学知识的理解。数学学习重在思考、领悟，而领悟、内化知识点就需要反思才能完成。

在日常的教学中，我们把课后的反思和梳理也作为学生数学日记的一部分，让学生对知识点进行回顾，查漏补缺，检查对知识的掌握、记忆情况，以便有目的地复习巩固，对发展小学生数学思维起到事半功倍的作用。

1.知识点的回顾。

俗话说，"温故而知新"。小学生学知识的明显特点是学得快，忘得也快。因此，每天课后的复习显得尤为重要。如果每天都是教师出题目，让学生算一算，形式过于简单，学生的自我反思能力和总结表达能力就得不到充分锻炼。反之，如果我们在日常教学活动中，利用写"数学日记"这一途径，教师能更深入地了解学生的思维过程和学习状况，实现因材施教，达到训练学生的数学思维表达能力的积极效果。

【案例14】二年级学生学了"乘法口诀"之后，教师让学生谈谈有什么收获。

生1：第一，可以解决问题，比如：我要买6个本子，一个3元，一共多少元？用加法计算是3+3+3+3+3+3，用乘法计算是6×3＝18(元)。用乘法要简便一些哦。第二，可以简化相同数的连加运算。

生2：我学了1～9的乘法口诀，我的收获有许多，第一，乘法可以让很长的加法算式变成一个几乘几的算式。比如，8+8+8+8+8+8+8+8，就可以变成8×8，用八八六十四这句口诀来算。第二，乘法还可以帮我们解决问题。

(案例提供者：中华路小学　吴茜)

【案例15】笔算加减法要注意的问题。

生1：创作了一首小诗。

满十要进位，借了要退位。数位要对齐，才是最完美。

生2：相同数位要对齐；加号、减号要看清楚，不要把数抄错了，如果个位满十向前一位进一，以此类推，减法个位不够减向前一位借一。

生3：第一，要注意进退位；第二，注意以下题目(见图8-7)；第三，相同数位要对齐，从个位算起。

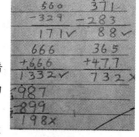

图 8-7

(案例提供者：中华路小学　吴茜)

【案例16】四年级学生谈对小数的认识。

不可忽视的小数点

小数点对我们的生活有很大的作用。有一次，我看见报纸上有这样一则新闻：苏联科学家设计了一艘宇宙飞船，准备去月球旅行。当时一切准备就绪。科学家启动飞船时，一不小心把飞船控制数据上按错了一个小数点。本来数据是76000.68，可是这位科学家按成了 7600.068,使飞船在回来的路上偏离了恒星轨道,导致科学家和飞船在茫茫的宇宙中毁灭了。看来这不是一件小事,甚至会付出生命的代价。

因为一个小数点可能会让一台正常的机器停止运转,因为一个小数点可能会让一位腰缠万贯的大老板变成一个一日无食的乞丐,因为一个小数点会让一个人的生命走向尽头。可见,小数点在我们的生活中有多么重要。所以,我和我的小伙伴们一定要看清楚小数点的位置,千万不要乱写小数点哦。

（案例提供者:中华路小学　吴茜）

这是多么精彩的课后反思!一节课后的及时反思,其实是让学生对所学知识进行精加工的过程。在课堂上,孩子们对于新知只能达到短时记忆,而课后的及时复习,学生把新知纳入已有的数学知识结构中,进行改造和重组,从而形成新的知识体系。

2.单元知识的梳理。

数学是一门结构化的学科,知识点虽多,但彼此之间都是有联系的。我们希望学生通过数学的学习,能掌握一套行之有效的学习方法。比如,梳理单元知识,把散的知识点进行整合,理清脉络,形成框架,最终达到让学生把厚书变薄,在头脑里拥有一个完整的知识体系。

【案例 17】三年级学生复习第二单元"表内除法(一)"后,写出收获。

生 1:第二单元学习的内容是表内除法(一)。包括 2 点内容:一是除法的初步认识,①平均分;②除法:被除数÷除数＝商。二是用 2~6 的乘法口诀求商。我的收获是学了除法就可以很快地算出得数,不像以前那样用数的方法,我学了除法,乘法就记得更熟了。

生 2:①知道了总数和每份数,求份数,可以用除法来解决。

②除法的被除数是乘法的积,除数和商是乘法的两个因数。

③在多个相同减数的减法算式中,可以用除法来解决。

生 3:①我们知道了平均分可以用除法来计算。

②学会了如:

$12 \div 2 = 6$

被除数 除数 商

③除法用乘法口诀求商。

④用乘法和除法可以解决生活中的数学问题。

生 4:①平均分。

②把一个数平均分成几份,用除法来做。

③被除数是除数和商的积。

④做应用题时要看清已知数、关键词和问题,有时是两步计算。

（案例提供者:中华路小学　吴茜）

【案例18】三年级学生学完"有余数的除法"单元,写出自己的收获。

生1:①在写横式结果的时候,要在商的后面打6个点,再写余数。

②在做有余数的除法时想的过程:除数乘几等于被除数,在乘法表中没有,就想除数乘几最接近被除数,又小于被除数。然后再把商写在被除数的个位上。再把商乘除数的数,写在被除数的下面,再用被除数减去它下面的数,并得出余数。例如:

$$
\begin{array}{r}
4 \quad \cdots\cdots 商 \\
3\overline{)13} \quad \cdots\cdots 被除数 \\
\underline{12} \quad \cdots\cdots 4和3的乘积 \\
1 \quad \cdots\cdots 余数
\end{array}
$$

生2:

①我学会了符号"……"。

②我学会了符号" $\overline{)}$ "。

③我学会了商要对着被除数的个位。

④我学会了余数。

⑤我知道了有余数的除法怎么写。

⑥我知道了余数表示什么。

⑦我知道了生活中也要用到有余数的除法。

⑧有余数的除法可以解决问题。

⑨我知道除法有两类,一是没有余数的除法,二是有余数的除法。没有余数的除法比有余数的除法简单多啦。

⑩我发现有余数的除法算式下面的余数没有大过除数。

⑪我会写有余数的除法算式。

生3:我知道了"有余数的除法"跟"没有余数的除法"不一样,因为一个有剩余,一个没有,最大的余数比除数少1,如下列算式,见表8-1。

表8-1

$19\div6=3\cdots\cdots1$	$20\div5=4$
$20\div6=3\cdots\cdots2$	$21\div5=4\cdots\cdots1$
$21\div6=3\cdots\cdots3$	$22\div5=4\cdots\cdots2$
$22\div6=3\cdots\cdots4$	$23\div5=4\cdots\cdots3$
$23\div6=3\cdots\cdots5$	$24\div5=4\cdots\cdots4$

生4:

①我学会了如何运用有余数的除法解决身边的问题。

②我知道了有刚好分完没有剩余和分不完有剩余两种情况。

③我学会了除法的竖式计算和知道每个数代表什么意思。

④除法竖式中余数不能大于除数。

生5：我有三个很大的收获。

①在分不完，有剩余时，知道怎样解决。

②增长了知识。

③积极动脑提高了我的思维能力。

（案例提供者：中华路小学　吴茜）

一个单元学习之后，在孩子们脑中的知识点都是零散的、点状的，通过"数学日记"的书写，我们清晰地看到学生思维条理的磨砺痕迹。

（四）写数学日记要关注学生情感的表达

《现代汉语词典（第7版）》对日记的定义是："每天遇到的和所做的事情的记录，有的兼记对这些事情的感受。"利用日记的这一特点，我们可以把数学日记当成是孩子们吐露心声的地方，让孩子们用文字的方式来记录他们学习的过程、方法和内心世界。从而让学生放开思维，形成自己理解的数学。

【案例19】四年级学生关于"数学，我想对你说"为主题的数学日记。

生1：

我爱数学

我很喜欢上数学课。因为数学既有趣又能开发大脑的思维空间。让大脑动得更快、更勤，所以，我在课堂上举手更加积极。

我爱数学课，还因为生活中不能缺少数学。如果生活中缺少了数学，世界就乱七八糟。比如，物体的长、宽和面积无法测量；人们没有时钟，无法知道时间，将会打乱生活规律；人们离开了数字，计数也就很困难……

生2：

数学心得

学完了四年级数学，我发现生活中的一些事都变得简单了。

学习了四则运算，我的综合算式很少写错；学习了位置与方向，我能够轻轻松松地找对方向；学习了运算定律与简便计算，我能又快又正确地完成计算题；学习了小数的意义和性质，我知道了小数有什么用和它与整数不同的性质；学习了三角形，我知道了各种不同的三角形和三角形的高、底、腰；学习了小数的加法和减法，我能够对精准到小数的数进行简单的计算；学习了统计，我明白了折线统计图比条形统计图更能让我们清晰地看到数据的变化；学习了数学广角的植树问题，我知道了两端都栽，栽树的棵数比间隔数多1，两端不栽则少1。虽然学习数学很辛苦，但收获是巨大的。

生3：

数学，我想对你说

数学，我想对你说："你真是太厉害了，教会我们这么多。比如加法交换律、加法结

183

合律、乘法交换律、乘法结合律、乘法分配律和小数……"

生活中小数太重要了。比如，小明有 11.123 元，小圆有 11.8 元，这时小明说："我的钱比小圆多。"小圆说："我的钱比小明多。"小明说："我的位数比你多，所以我的钱要比你的钱多。"这时小月过来了，小月说："小圆的钱要比小明的钱多，不是位数越多，钱就越多。我们应该先看整数部分，小明的钱和小圆的钱的整数部分都是一样的，所以要看十分位，小明的十分位是 1，小圆的十分位是 8，8 比 1 大，所以小圆的钱比小明的钱要多。"小数真是太厉害了。如果没有小数的话，那所有的数就只有整数部分，没有小数部分，这样的话，商场里的商品就不好定价了。比如，口香糖原价是 1 元 5 角，如果没有小数，那口香糖的价钱只能是 1 元或者是 2 元，所以小数真是太重要了，我们不能没有小数。

加法交换律同样很重要。小明在做一道题：35＋96＋4，先算 35＋96 就不简便，如果先算 96＋4 等于 100，再算 100＋35＝135，这样就简便得多。如果没有加法交换律那就先算 35＋96，再算 131＋4＝135，这样就一点都不简便，所以加法交换律很重要，我们也不能没有加法交换律。

数学里面的知识真是太重要了，我喜欢数学。

（案例提供者：中华路小学　张玥）

有一句话说得好，"爱要说出来"。从一年级开始，我们就要让学生爱上数学课。学生对数学课到底是一种什么样的情感呢？我们通过"数学日记"的方式随时关注学生学习数学的思想状况，从"数学日记"中了解学生的思维水平和学习状况，及时调整教学方法，从而更好地培养学生的数学思维能力。

三、提炼反思

1."写数学日记促进思维发展策略"有助于学生表达思维过程。

学生通过写解题思路和过程，加深了自己对题目的理解和掌握，提高了自己的分析能力和概括能力，以及语言表达能力。学生写数学日记，能养成独立思考、主动发现问题和主动学习的学习习惯，提高自己的思维能力。

2."写数学日记促进思维发展策略"有助于师生反思学习过程。

著名的心理学家罗杰斯曾说过，教学要成功，必须缘于良好的师生关系。学生通过写数学日记，教师能更好地了解孩子的学习心理，沟通师生对新知的认识，建立相互的信任。同时，从学生的数学日记中，能看出学生对问题理解的方式，清楚学生的解题思路，明白学生的推理过程以及学生还不明白的地方，这样教师对自己的教学也能及时调控。

3."写数学日记促进思维发展策略"打破传统的作业模式。

传统的数学作业，更多地就是做一道道的题目，做久了，做多了，学生就觉得厌烦。

而日记作为数学作业的一种形式,学生感兴趣,愿意写。一份数学日记就体现了一个孩子独特的个性和内心情感,数学日记不仅搭建了师生之间的一座桥梁,还给学生呈现思维独创性提供了一个舞台。

数学语言能反映思维的结果,培养学生写"数学日记",也就是训练学生数学思维的一次过程。因此,"写数学日记促进思维发展策略"对学生的数学思维培养能起到很好的推动作用。

参考文献

[1] 郑毓信.《数学课程标准(2011)》的"另类解读"[J]. 数学教育学报,2013(1).

[2] 中华人民共和国教育部.全日制义务教育数学课程标准(实验稿)[M].北京:北京师范大学出版社,2001.

[3] 周根龙.试论数学教学反思[J].数学教育学报,2003(1).

附　录

小学一年级数学思维前测题

一、填数。

(　　　),(　　　),13,12,(　　　),(　　　),9,(　　　)

二、选用 10,4,6,16 中的三个数写两道加法算式和两道减法算式。

_____ ＋ _____ ＝ _____ 　　　　_____ － _____ ＝ _____

_____ ＋ _____ ＝ _____ 　　　　_____ － _____ ＝ _____

三、数图形。

(　　　)个正方体　　　　　　　　　　(　　　)个三角形

四、找规律画一画。

(1)

(2)

五、13 个小朋友排队,小红的前面有 8 个人,小红的后面有几个人?
(下面这块空白留给你们写出想的过程)

答:小红的后面有(　　　)个人。

小学二年级数学思维前测题

一、找规律填数。

1. 2,4,6,8,(　　),(　　),(　　),(　　),18,20,…

2. 19,17,15,(　　),(　　),(　　),(　　)。

3. 1,2,4,5,7,8,10,11,(　　),(　　),16,17,…

4. 0,1,1,2,3,5,(　　),(　　),…

二、根据图形的变化规律填图。

三、叔叔家有一个四边形花坛,每边种 4 棵树,共有 12 棵树,这可能吗?自己画画看。

四、数字谜。

1.把下面算式填完整。

```
    3 □           □ 4 □
  + □ 6         - □ □ 6
  ─────         ───────
    8 1           7 5 8
```

2.下图算式是由 0,1,2,3,4,5,6,7,8,9 这十个数字组成的,请把漏写的数字补上,使算式成立。

```
    □ 4 □
  + 3 □ 6
  ─────────
  □ 0 □ □
```

五、分割实验田:如图是红星小学的实验田,需要把这块田平均分成四块,要求形状大小一样,你能帮助他们分一分吗?(请在图上画出你的分法)

小学三年级数学思维前测题

一、用你自己的话来描述给定的数字,让听你描述的人能猜出你所说的数字是几。(请尽可能多地写出不同描述)

举例:6

正确描述:这个数比 7 少 1;这个数比 4 多 2;12 是这个数的 2 倍;……

你所要描述的数是:10

_____

_____

_____

二、仔细观察每一个图形,认真分析它们的变化规律,然后画出空白处的那个图形。(把你观察的方向用箭头表示出来)

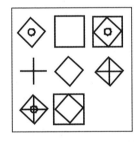 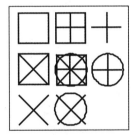

三、下面每组中哪两排数的变化规律是相同的?请说明理由。

①10, 11, 12, 13, 14
②1, 3, 5, 7, 9
③15, 16, 17, 18, 19

①12, 14, 16, 18, 20
②14, 12, 10, 8, 6
③1, 4, 7, 10, 13

规律相同的两组是(　　　）　　　规律相同的两组是(　　　）

理由:_____　　　理由:_____

　　　_____　　　　　　_____

　　　_____　　　　　　_____

四、要使下面的竖式成立,可以有(　　　　)种不同的填法。(把你能想到的竖式都写在旁边)

五、下面的正方形和三角形哪个大?哪个小?说明你判断的理由。(你可以通过画图、折叠、猜测、甚至把图形剪下来比较后再判断)

小学四年级数学思维前测题

一、找规律填数

1,3,7,(   ),31,(   ),127,(   )

二、找出与上面完全相同的图形,并用笔勾画出来。

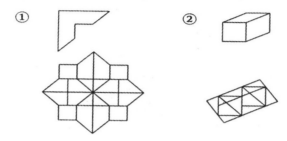

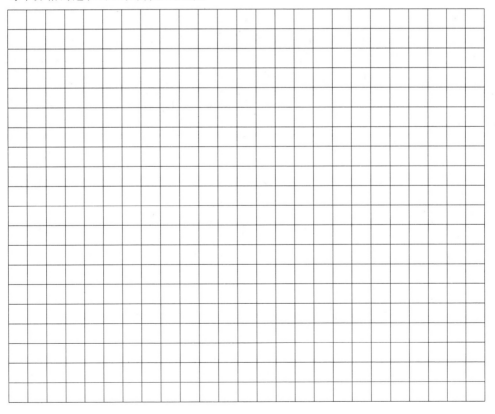

三、已知长方形的周长为 24 厘米,长和宽都是整数,这个长方形有多少可能形状? 把它们一一在方格纸上列举出来。哪种形状的面积最大? 就在图中打"√"。(下图中每个方格的边长可以认为是 1 厘米)

四、A,B图形是由下面1,2,3,4,5五个小图形中的三个组成。请说出每个图形是由哪三个小图形组成。并用虚线表示出来。

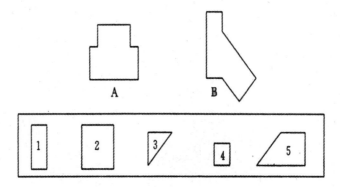

五、9棵树栽成3行,每行4棵,已画好了一种(如图),请你再想出不同的栽法,用图表示出来,看谁想得多。

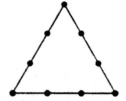